Ein Mann des Volkes

Ein Drama von Abraham Lincoln

Jr. Thomas Dixon

Writat

Diese Ausgabe erschien im Jahr 2023

ISBN: 9789359253640

Herausgegeben von
Writat
E-Mail: info@writat.com

HISTORISCHER HINWEIS

Während die weit verbreitete Vorstellung von Lincoln als Befreier des Sklaven historisch zutrifft, gibt es eine tiefere Sicht auf sein Leben und seinen Charakter. Er war der Retter, wenn nicht sogar der wahre Schöpfer der Amerikanischen Union freier Demokratischer Staaten. Seine Emanzipationserklärung war ein reiner Kriegsfall. Die erste Politik seiner Regierung bestand darin, die Union zu retten. Dieser Tatsache verdanken wir heute eine vereinte Nation. Diese Wahrheit der Geschichte versuche ich in meinem Stück lebendig werden zu lassen.

Die Szenen, die sich auf die Themen unseres nationalen Lebens beziehen, wurden authentischen Aufzeichnungen entnommen. Die Handlung der Handlung basiert auf dem Brief von Colonel John Nicolay an Major Hay vom 25. August 1864, in dem der folgende einleitende Absatz steht:

„Die Hölle ist zu bezahlen. Die New Yorker Politiker geraten in einen Ansturm, der alles überschwemmen wird. Raymond und das Nationalkomitee sind heute hier. R. glaubt, dass eine Kommission nach Richmond das Einzige ist, was uns retten kann Der Präsident sieht es und sagt, es wäre völliger Ruin. Die Angelegenheit wird derzeit besprochen. Schwachsinnige, verdammte Dummköpfe sind in der Bewegung für einen neuen Kandidaten, der den Präsidenten ersetzen soll. Alles ist Dunkelheit, Zweifel und Entmutigung.“

Bei der Entwicklung der Handlung wurde bei einem wesentlichen Detail der Geschichte keine Freiheit genommen, außer dass die Daten zweier Vorfälle geringfügig verschoben wurden, um eine dramatische Einheit zu erreichen. In keinem Fall hat die Änderung des Datums Auswirkungen auf die Gültigkeit der verwendeten Szene.

THOMAS DIXON

PROLOG

BÜHNENBILD : *Die grob behauene Blockhütte von Tom Lincoln ist in der Mitte zu sehen, umgeben von der Waldwildnis Süd-Indianas, 1820.*

Die Kabinentür ist auf Bodenhöhe geschnitten. Es gibt keinen Rollladen an der Tür und kein Fenster zur Kabine.

Rechts und links der Türöffnung stehen grobe Bänke aus gespaltenen Baumstämmen. An den Wänden hängen ein Waschbär und ein kleiner Bär sowie Eichhörnchen- und Bisamrattenfelle. Im Vordergrund rechts ist ein altmodischer Waschtopf zu sehen, der auf drei Steinen steht. In der Nähe des Waschtopfs ist eine Stange im Boden befestigt, an deren Spitze sechs Kürbisse aufgehängt sind, die für Martinsschwalben zum Nisten geeignet sind. Daneben stehen eine einfache Bank und zwei Waschzuber. Auf der linken Seite ist ein grobes Sofa aus gespaltenem Baumstamm mit Beinen in Augurlöchern und einer rauen Rückenlehne aus Setzlingen zu sehen. Über der Rückseite des Sofas hängen altmodische Arztsatteltaschen. Die Bäume sind Walnuss, Buche und Eiche – Unterholz aus Hartriegel, Sumach und wilden Weinreben. Diese über der Hütte geschmückten Ranken vermitteln einen unheimlichen Eindruck. Hinter der Hütte schlängelt sich ein Bach durch die Hügel hinunter.

BEIM AUFSTEHEN : Man sieht SARAH , WIE SIE *sanft auf Zehenspitzen zur Kabinentür geht. Sie hält inne, hört zu und späht langsam hinein. Sie hört noch einmal zu, dann verschwindet sie und ruft an .*

SARAH

Abe! Abe!

> [SARAH *geht zurück zur Tür, schaut hinein und rennt zum Tor.*]

Abe———! Mama ist jetzt wach!

> [*Sie kehrt zur Tür zurück, schaut noch einmal hinein und rennt noch einmal zum Tor.*]

Abe———! Er fühlt ihren Puls! Kommen Sie rein – bleiben Sie nicht draußen im Wald ...

> [ABE *kommt langsam herein.*]

ABE

Was sagt er?

SARAH

Er hat noch nichts gesagt .

ABE

Er ist sowieso ein dummer Arzt. Ich konnte ihn gestern Abend nicht dazu bringen, ein Wort zu sagen .

SARAH

Nun, er ist jetzt hier und da sind seine Satteltaschen voller Medikamente. Du bist die ganze Nacht geritten – du siehst furchtbar müde aus! Geh ins Bett und schlafe ein wenig———

ABE

Ich kann nicht – während Mama so krank ist – ich habe Angst einzuschlafen –

SARAH

Warum--?

ABE

Du weißt warum – Sarah –

SARAH

Ah, das ist sie nicht Ich werde jetzt sterben. Sie redet mit dem Arzt – legen Sie sich kurz hin und schlafen Sie, bevor die Sonne aufgeht, sonst können Sie nicht schlafen – –

[*Flehend.*]

-Komm schon--

ABE

Nein – ich habe Angst – die Pest bringt jeden Tag Menschen um – und niemand weiß, was er für sie tun soll –

> [*Der* DOKTOR *und* TOM *betreten die Kabine und kommen langsam wieder herunter – der* DOKTOR *scheint über sein weiteres Vorgehen nachzudenken.*]

> [*Eifrig zum* DOKTOR *.*]

Können Sie etwas für sie tun, Doktor?

ARZT

> [*Zögert.*]

Ja – Hol mir ein sauberes Handtuch und eine Schüssel –

ABE

Lauf, SARAH – schnell –

SARAH

> [*Lauft zur Hütte.*]

Ja – ich hole sie –

> [*Der* DOKTOR *öffnet seine Satteltaschen, holt seine Lanzette heraus und untersucht deren scharfe Spitze.*]

TOM

Was machst du mit dem Messer?

ARZT

Natürlich lässt man sie ausbluten – das ist das Einzige, was man tun kann –

> [*Geht in Richtung Kabine.*]

ABE

> [*Zu seinem Vater.*]

Lass ihn das nicht tun———!

ARZT

Was ist das?

TOM

Du sollst sie nicht ausbluten lassen – ich weiß nichts über Doktorarbeit – aber ich weiß, das wird sie umbringen –

ARZT

Fluch zu liefern , den Sie jemals in Ihrem Leben hatten, Tom Lincoln …

TOM

„ Das würde nichts nützen – Doktor –"

ARZT

[*Wirft seine Arme nach oben.*]

„ Würde *mir gut* tun !" Ich bin die ganze Nacht – 35 Meilen – von meinem Zuhause in Kentucky quer durch Ohio in diese Wildnis geritten, nur damit du mich beleidigst –

TOM

Ich wollte nicht——

ARZT

Nun ja, Sie tun es – und ich würde Sie dafür beschimpfen, dass Sie mich für die Mühe bezahlen würden , die ich hier hochkomme –, wenn ich nicht gehört hätte, was Sie hier für Ihre Nachbarn getan haben Pest. Im Umkreis von dreißig Meilen gibt es keinen Arzt – Du warst der Arzt und die Krankenschwester – Mutter und Vater für alle . Und wenn sie sterben, gehst du in den Wald, fällst einen Baum, reißt die Bretter heraus, machst den Sarg, schaufelst das Grab und lässt die Toten mit einem Gebet niedersinken – ich würde dich gerne verfluchen, Tom Lincoln – aber ich kann Nicht – verdammt noch mal –!

TOM

Es tut mir leid, Doktor – aber ich konnte einfach nicht zulassen, dass Sie sie ausbluten lassen –

ARZT

Alles klar – auf Wiedersehen –

[*Mit einem wütenden Schnauben wirft der* DOKTOR *seine Lanzette in seine Satteltaschen, schnappt sie zusammen und macht sich auf den Weg zum Tor.*]

ABE

[*Folgt dem* DOKTOR *zum Tor.*]

Arzt--!

ARZT

Was wollt ihr –?

ABE

[*Ergreift seine Hand.*]

Bitte geh nicht – es tut mir sehr leid, dass wir dich wütend gemacht haben – ich bin nicht hingegangen, um es zu tun – siehst du –

[*Er stockt.*]

Ich liebe meine Ma , ich konnte mir einfach nicht vorstellen, dass du ihr den Arm aufgeschnitten hast. Und Papa wollte dich nicht verletzen Gefühl – willst du nicht bleiben und uns helfen? Kannst du nicht noch etwas für sie tun?

[*Pausiert.*]

Ich werde dich bezahlen———! Ich werde ein ganzes Jahr für dich arbeiten.

ARZT

Du würdest ein Jahr für mich arbeiten?

ABE

[*Eifrig.*]

fünf Jahre lang für euch arbeiten, wenn ihr sie einfach rettet – einfach ihr Leben rettet – das ist alles – geh nicht – bitte, nicht –

ARZT

[*Der* DOKTOR *legt seinen Arm um den Jungen, zieht
ihn an sich und hält ihn einen Moment fest.*]

Du bist ein guter Junge, Abe———

ABE

Du bleibst--?

ARZT

Ich würde bleiben und etwas tun, wenn ich könnte, Sonny, aber um ehrlich zu sein, ich weiß nicht, was ich tun soll – ich bin mir nicht ganz sicher, ob ich mit der Sache recht habe, sonst würde ich bleiben und Lasst euch beide mir helfen———

[*Er macht eine Pause.*]

Aber ich bin mir nicht sicher--! Ich bin mir nicht sicher! Und ich weiß nicht, was ich sonst tun soll – ich habe keine Medikamente – also kann ich nicht bleiben. Alles, was ich dir sagen kann, ist, sie warm zu halten – und ihr alles Gute zu essen zu geben, was sie vertragen kann – sie ist in Gottes Händen – Auf Wiedersehen –

[*Der* DOKTOR *eilt durch das Tor – und lässt* ABE *und* TOM *verlassen zurück, während* SARAH *aus dem Haus kommt.*]

SARAH

Ich habe das Handtuch und die Schüssel bereit ——

[*Pausiert.*]

Was ist los--?

[*Schaut sich um.*]

Wo ist der Arzt——?

ABE

Er ist weg--

SARAH

Gegangen--?

TOM

Ja--

[NANCY *kommt durch die Kabinentür herein.*]

[NANCYS *plötzliches Erscheinen in der Tür reißt* ABE *mit einem kurzen Schmerzensschrei herum. Die Sonne taucht den östlichen Himmel in die Pracht eines Altweibersommermorgens. Die Figur der Mutter in blauem, selbstgesponnenem Stoff lässt vor dem dunklen Hintergrund der Kabinentür auf das Kommen eines Geistes aus der unsichtbaren Welt schließen. Sie bleibt einen Moment in der Tür stehen und lächelt ihren Sohn an.*]

ABE

Oh, Ma, du darfst nicht –

TOM

[*Folgend.*]

Nancy——!

NANCY

Mir geht es besser, mir geht es viel besser——

ABE

Du bist zu krank, um hier rauszukommen, Ma——

NANCY

[*Lächelnd.*]

Ich kann gehen – so gut wie du , – siehst du –

[*Sie schwankt leicht in Richtung Sofa.*]

ABE

Aber der Arzt sagt, Sie müssen sich warm halten –

NANCY

Naja – ich trage die warmen Strümpfe, die Sarah für mich gestrickt hat, und die Waschbärfell-Mokassins, die du gemacht hast – siehst du nicht, dass es mir jetzt besser geht –?

ABE

[*Freudig.*]

Schau, Pa, es geht ihr besser!

SARAH

Ja – es geht ihr besser!

TOM

[*Alarmiert.*]

Versuche nicht zu laufen – setz dich hin, Schatz!

NANCY

[*Auf der Bank versinken.*]

Ja, werde ich--

[*Der Junge kommt näher und starrt seiner Mutter gespannt ins Gesicht.*]

NANCY

Komm näher, mein Junge –

[ABE *kniet zu ihren Füßen.*]

TOM

Davor habe ich Angst, Nancy – du lässt mich besser einen heißen Stein holen und ihn für deine Füße einpacken.

NANCY

Ja, Tom – und bring mir die Bibel. Ich möchte, dass Abe mir vorliest.

[TOM *geht besorgt um sie in die Kabine.*]

ABE

Geht es dir gut, Mama?

NANCY

[*Sie nickt und atmet tief durch – ihre Augen leuchten.*]

Ich wollte die Sonne durch die Bäume aufgehen sehen! Du erinnerst dich an den Tag, an dem du deinen ersten Baum fälltest, um mit der Rodung zu beginnen, und das Sonnenlicht durch das Loch, das du gemacht hattest, in den Himmel fiel –

ABE

Ja, ich erinnere mich.

NANCY

Du hast mich gerufen, um es mir anzusehen –

ABE

[*Im Flüsterton.*]

Ja--

NANCY

Ich war stolz an diesem Morgen, als ich sah, wie du mit deiner Axt auf diesem großen Baumstamm standst – alles, was mein Junge zu tun beginnt, tut er auch –

[*Pausiert.*]

Dein Vater hat dir den Umgang mit der Axt beigebracht und –

[Dreht sich um und sieht ABE *an* .]

Dein Vater ist ein guter Mann, mein Sohn – gutherzig und treu, und jeder mag ihn. Sie machten ihn einst zum Straßenverwalter seiner Gemeinde in

Kentucky. Wenn er lesen und schreiben könnte, wäre er zur Legislative gegangen –

> [TOM *kommt mit dem Stein und der Bibel aus der Hütte, er geht zu* NANCY *und* ABE *nimmt den Stein und legt ihn unter ihre Füße –* SARAH *kniet nieder und hilft ihm .* NANCYS *Hand fällt auf die Bank.* TOM *nimmt ihre Hand und die Kälte macht ihm Sorgen.*]

> [ABE *und* SARAH *stehen auf.*]

NANCY

Lies mir vor, mein Sohn – ich höre gern deine Stimme –

ABE

> [*Hell.*]

Alles klar – was –?

NANCY

Der dreiundzwanzigste Psalm.

> [ABE *sucht den Ort.*]

Ich liebe es, dich lesen zu hören, mein Junge. Es bedeutet, dass Sie tun können, was jeder andere Mann kann – es bedeutet so viel!

ABE

> [*Liest.*]

Der Herr ist mein Hirte – mir wird nichts mangeln. Er lässt mich auf grünen Weiden liegen. Er führt mich an stillen Wassern entlang. Er stellt meine Seele wieder her. Er führt mich auf den Pfaden der Gerechtigkeit um seines Namens willen –

NANCY

> [*Im Flüsterton.*]

Ja, obwohl ich durch das Tal des Schattens des Todes gehe, werde ich kein Böses fürchten, denn du bist bei mir –

> [ABE *bleibt stehen und blickt erstaunt zu seiner Mutter auf.*]

ABE

Ma——

NANCY

Denken Sie immer daran, mein Junge, dass Gott mit Ihnen *ist!* Er ist am Tag und in der Nacht. Er ist in der Sonne und im Wind, in den Bäumen und im Gras – und kein Spatz fällt zu Boden, ohne dass Er es weiß. Erinnern Sie sich an das Jahr, in dem Sie diese Kürbisse dort aufgestellt haben –

[*Sie zeigt auf die Stange.*]

für deine Martins——? Du hast geweint, als sie im Herbst umkreisten –

[ABE *nickt.*]

Ich habe dir gesagt, dass Gott sie im Frühjahr zurückschicken würde, nicht wahr?

[*Sie lacht leise.*]

Sie sagten, dass Er vergessen würde, es ihnen zu sagen, und dass sie nie den Weg finden würden – aber sie kamen – nicht wahr –?

ABE

Ja, Mama, und ich weiß jetzt, dass sie nächsten Frühling wiederkommen werden.

NANCY

Also – ich möchte, dass du nie wieder an Gott zweifelst, mein Junge, und ich möchte, dass du nie wieder an dir selbst zweifelst. Deine nackten Füße, deine zerlumpten Kleider, wie arm du bist – das ist nichts! Es zählt hier nicht – es zählt, was Sie fühlen, was Sie glauben – es zählt, was Sie sehen! Ich habe dir Lesen und Schreiben beigebracht, und jetzt kannst du alles! Wenn Gott mich nimmt –

[*Sie hält erschöpft inne.*]

ABE

Aber das darfst du nicht sagen, Ma——!

NANCY

„Die Urteile des Herrn sind insgesamt wahr und gerecht!“

ABE

NEIN! Nein, Mama! Reden Sie nicht so! Du wirst aufgeben, wenn du es tust——!

NANCY

Wenn Er ruft, mein Sohn, dann ist *meine* Arbeit erledigt – und *du* kannst alles tun, was ich versucht habe und was ich nicht geschafft habe –

ABE

[*Alarmiert.*]

Hätte sie besser so viel reden sollen, Pa –

[*Bückt sich, um ihre Füße zu fixieren.*]

TOM

[*Ich fühle ihre Hand.*]

Nancy——!

NANCY

Nur noch eine Minute, Tom——! Lass es ihn noch nicht wissen – weißt *du* –!

TOM

[*Mit gläubigem Blick nach oben.*]

Ja, ich weiß--

[*Zu* ABE .]

Es ist alles in Ordnung – Junge –

NANCY

Komm zurück, mein Sohn, ich möchte dir etwas erzählen, was ich letzte Nacht gesehen habe! Ich hatte einen Traum – den gleichen, den ich in der Nacht vor deiner Geburt hatte. Du warst ein Mann geworden – stark und mutig, weise und sanft. Die Menschen hielten an deinen Worten fest und würdigten dich . Aber du hast dich an diese Hütte hier im tiefen Wald erinnert und warst bescheiden. Ich ging mit dir zwischen zwei weißen Säulen. Es war still und feierlich dort drin. Draußen konnte ich die Leute hören, die deinen Namen riefen. Du verbeugtest dich tief und flüstertest mir ins Ohr: „Das ist alles dein, meine Mutter . Ich habe es mit meinem Leben für dich gekauft. Alles, was ich bin, verdanke ich dir –"

[*Ihre Stimme sinkt zu einem Flüstern, das einem Lachen religiöser Ekstase gleicht.*]

ABE

[*Freudig.*]

Schau, wie sie lächelt – Pa! Es geht ihr wieder gut – ich sage euch –!

TOM

[*Flüstern.*]

Verstehst du das nicht, Junge –?

ABE

Nicht, was--?

SARAH

Was – was ist das –?

TOM

[*In tiefer religiöser Ehrfurcht.*]

Schau – schau in ihre Augen –! Sie erzählt dir keinen Traum – sie blickt durch die Tore des Himmels –

ABE

Nein nein Nein--!

TOM

Es ist der Tod – Junge – er ist gekommen – Herr, Gott, erbarme dich –

[ABE *springt auf und starrt schmerzerfüllt, während*
TOM *neben Nancy auf die Knie fällt. NANCYS Hand*
ruht sanft auf TOMS *struppigem Kopf, während er*
schluchzt. Mit der anderen Hand tastet sie nach ABES
und hält sie schwach.]

NANCY

Sei gut zu deinem Vater,———

[*Sie hält inne und atmet schwer.*]

In den kommenden Tagen wird er das Kind sein und du der Mann –

ABE

Ja--

NANCY

Und liebe deine Schwester———

[ABE *nickt.*]

Wenn dunkle Stunden kommen, wird mein Geist zuschauen, mein Sohn – und ich werde dir helfen, wenn ich kann –

ABE

Ja, ich weiß es!

NANCY

Und denken Sie daran, dass Sie in diesem freien Land ein großartiger Mann sein können, wenn Sie nur sagen: „Ich werde …“

> [NANCYS *Körper versinkt im Tod, als der Junge sein Gesicht erhebt, erleuchtet vom Licht eines großen Ziels.*
>]

ABE

Ja, Ma, das werde ich!

VORHANG

PERSONEN DES STÜCKS

ABRAHAM LINCOLN	*Der Präsident.*
FRAU LINCOLN	*Seine Frau.*
OBERST NICOLAY	*Sein Sekretär.*
EDUARD	*Der Türsteher.*
EDWIN M. STANTON	*Kriegsminister.*
GENERAL GEO. B. MCCLELLAN	*Lincolns Rivale.*
KAPITÄN VAUGHAN	*Von der US-Armee.*
BETTY WINTER	*Sein Schatz.*
THADDEUS STEVENS	*Vorsitzender des Kongresses.*
HENRY RAYMOND	*Herausgeber der New York Times.*
JOHN R. GILMORE	*Von der New York Tribune.*
OBERST JACQUESS	*Ein methodistischer Geistlicher.*

JEFFERSON DAVIS	*Präsident der Konföderation.*
JUDAH P. BENJAMIN	*Sein Außenminister.*
RICHTER ROBERT OULD	*Kommissar für den Austausch.*
ROBERT E. LEE	*Kommandierender General.*
EINE SCHWESTER	*Die um das Leben ihres Bruders bettelt.*
EIN KONGRESSABGEORDNETER	*Wer verlangt eine Anhörung?*
EIN KLEINES MÄDCHEN	*Aus Virginia.*
EINE MUTTER	*Mit einem Baby.*
EINE FRAU	*Der zwei Söhne verloren hat.*
EIN TELEGRAFIST	*Im Weißen Haus.*
EIN TÜRSTEHER	*In Richmond.*

KOMITEEMITGLIEDER, SOLDATEN UND WACHEN .

AKT I

BÜHNENBILD : *Das Zimmer des Präsidenten im Weißen Haus, 23. August 1864. Ein flacher Schreibtisch links in der Mitte. Rechts ein langer Tisch und Stühle. Türen öffnen sich rechts und links. Große Fenster öffnen sich in der Mitte. Neben dem Mittelfenster steht ein aufrechter Schreibtisch. In einer Ecke ein Regal mit Kartenrollen und Kartenblättern auf dem Boden und an der Wand gelehnt.*

AT RISE : *Colonel Nicolay, der Sekretär des Präsidenten, sieht man, wie er vor einem riesigen Stapel Post schreibt. Er liest einen Brief und wirft ihn angewidert weg. Liest einen anderen und wirft ihn in den Papierkorb. Er steht auf, wendet sich wieder dem Schreibtisch zu, wirft einen Arm voll Briefe in die Ecke des Bodens und entfernt so viele Briefe, dass sein Chef Platz zum Schreiben hat.*

[EDWARD *kommt herein und schleppt einen Postbeutel hinter sich her.*]

NICOLAY

[*Ruft den Portier an.*]

Edward!

EDUARD

Jawohl--

NICOLAY

Halte die Tür heute Morgen fest———

EDUARD

Fest wie eine Trommel, Sir –

NICOLAY

Wenn bedeutende Männer versuchen, vor ihrer Zeit einzudringen –

EDUARD

Ich werde nach ihnen Ausschau halten, Sir – hier ist noch eine Tüte Briefe, Colonel Nicolay –

NICOLAY

Ein anderer--?

EDUARD

Und draußen sind noch zwei –

NICOLAY

Mein Gott--!

EDUARD

sie nicht geschrieben –

NICOLAY

Nein, ich bürge für Ihre Loyalität gegenüber dem Präsidenten.

EDUARD

Wo soll ich diese hinstellen———?

NICOLAY

Wirf die Tasche in die Ecke – auf seinem Schreibtisch ist jetzt kein Platz
mehr –

EDUARD

[*Gehorsam.*]

Jawohl--

[EDWARD *wirft die Tasche in die Ecke des Raumes,
wo* NICOLAY *bereits die Briefe vom Schreibtisch
gestapelt hat, und dreht sich zu* NICOLAY UM . *Einen
Moment lang beobachtet er, wie* NICOLAY BRIEFE
VERNICHTET.]

NICOLAY

Nun, Edward--?

EDUARD

Können Sie mir etwas sagen, Colonel Nicolay?

NICOLAY

Wenn ich kann--

EDUARD

Was sagen sie in diesen Briefen an den Präsidenten? Ich habe vier
Regierungen lang gedient – ich habe noch nie zuvor solche Stapel Briefe im
Weißen Haus gesehen – –

NICOLAY

Nun, Edward – in diesen Briefen wird Abraham Lincoln um zwei Dinge
gebeten: Dass er General Grant vom Kommando über die Armee entlässt –

EDUARD

Die Idioten——

NICOLAY

Und beenden Sie den Krieg heute – 23. August 1864 – und schließen Sie
Frieden – Frieden um jeden Preis – heute –

EDUARD

Gott beschütze uns! Nach fast vier Jahren – gekündigt, ohne dass etwas
geklärt war –?

NICOLAY

Das fordern diese Briefe –

EDUARD

Du konntest es nicht glauben – Kein Wunder, dass seine Augen in seinen Kopf sinken und er aussieht, als würde er Geister sehen –

[*Pausiert und startet.*]

NICOLAY

Pass auf diese Tür auf, Edward –

> [EDWARD *verbeugt sich und geht zur Tür, die zum Hauptkorridor führt.* NICOLAY *widmet sich wieder seiner Aufgabe, die Briefe zu lesen – einen wirft er müde in den Korb, einen anderen zerknittert er vor Wut und wirft ihn in den Korb.*]

NICOLAY

Die Narren———!

> [*Er ist in einen Brief vertieft, als* MRS. LINCOLN *in einem Zustand nervöser Aufregung hereinkommt. Er steht schnell auf und geht ihr entgegen.*]

Was ist los, Mrs. Lincoln –?

FRAU LINCOLN

Ich habe gerade gehört, dass das Republikanische Nationalkomitee in Washington ist –!

NICOLAY

Sie sind--

FRAU LINCOLN

Bei einer Konferenz im Haus von Senator Winter –?

NICOLAY

Ja--

FRAU LINCOLN

Was wollen Sie?

NICOLAY

Es gibt hässliche Gerüchte———

FRAU LINCOLN

Was--? Was--? Was--?

NICOLAY

Ich kann nicht darüber sprechen, Madam, bis der Chef weiß –

FRAU LINCOLN

Mr. Lincoln weiß es nicht –

NICOLAY

Noch nicht. Das wird er heute Morgen. Sie haben mir gerade eine Aufforderung geschickt, dass er sie sehen solle , bevor sein öffentlicher Empfang beginnt——

FRAU LINCOLN

Du hast etwas gehört – du weißt etwas – sag es mir – ich kann die Spannung nicht ertragen –

NICOLAY

Nur Gerüchte – und sie sind zu hässlich, um sie in Worte zu fassen – sie sind unglaublich –

FRAU LINCOLN

Trotzdem glauben Sie ihnen –

[*Ungestüm.*]

Was hast du gehört——?

NICOLAY

[*Schüttelt den Kopf.*]

Dem Chef würde es nicht gefallen, wenn ich rede, bevor er es weiß. Ich erzähle Ihnen ein paar Dinge, die ich *denke,* in einfachem Englisch – wenn Sie es hören möchten –

FRAU LINCOLN

Man kann es nicht zu *deutlich machen* , damit es zu mir passt –

NICOLAY

Meiner Meinung nach muss der Teufel dafür bezahlen. Schwachsinnige Narren verlassen den Häuptling. Jeder Mann, der Abraham Lincoln liebt, muss jetzt seinen Mantel ausziehen und kämpfen. Er ist der einzige Mann, der diese Nation heute retten kann, und er ist zu groß und großzügig, als dass man ihm die Wölfe allein anvertrauen könnte …

FRAU LINCOLN

Was kannst du damit meinen? Das Republikanische Nationalkomitee hat keine Macht über den Präsidenten der Vereinigten Staaten –

NICOLAY

Nein, Madam – Aber sie haben gewisse Macht über den Kandidaten ihrer Partei –

FRAU LINCOLN

Aber Herr Lincoln ist bereits der Kandidat seiner Partei für die zweite Amtszeit ... wurde vor zwei Monaten ausgewählt – und die Wahl ist nur noch acht Wochen entfernt – was meinen Sie damit –?

[EDWARD *kommt herein.*]

EDUARD

Fräulein Betty Winter erwartet Sie, Ma'am –

FRAU LINCOLN

Was für ein Glück – sie sind im Haus ihres Vaters –!

NICOLAY

Ja--

FRAU LINCOLN

Zeig sie hier rein, Edward——

EDUARD

Ja Madame--

FRAU LINCOLN

[*Zu* NICOLAY .]

Und sie ist Mr. Lincoln treu –

EDUARD

[*An der Tür links.*]

Hier entlang , – Miss Betty –

[BETTY *kommt herein – eine junge Frau von 25 Jahren – ausgeglichen, kultiviert, charmant.*]

FRAU LINCOLN

[*Treffen mit Betty.*]

Willkommen – mein Kind –

BETTY

Du bist immer so nett——!

NICOLAY

Entschuldigen Sie, meine Damen – während ich rausgehe und einige dieser Leute los werde, die darauf warten, den Präsidenten zu sehen –

[NICOLAY *geht.*]

FRAU LINCOLN

Sag mir, mein Lieber, du hast etwas gehört – das Republikanische Nationalkomitee ist bei deinem Vater –

BETTY

Sie *waren* dort – sie haben sich in Thaddeus Stevens' Haus gegenüber von uns zurückgezogen – – Sie waren zwei Stunden lang bei meinem Vater eingesperrt –

FRAU LINCOLN

Eingeschlossen--?

BETTY

[*Nickt.*]

Mit zugekniffenem Schlüsselloch——!

FRAU LINCOLN

Und Sie haben keine Ahnung, was sie vorhaben –?

BETTY

Nicht im geringsten——

FRAU LINCOLN

Oh, Betty – sie reden über mich –

BETTY

Sie haben deinen Namen nicht erwähnt——

FRAU LINCOLN

Woher weißt du das--?

BETTY

Nun ja – ich habe ein wenig gehört –! Ich konnte aus dem Nebenzimmer hören, wie aufgeregt sie waren! Es geht um Abraham Lincoln, nicht um seine Frau.

FRAU LINCOLN

Bist du sicher--?

BETTY

Sicher--! Es klang wie ein normaler Hundekampf – mit einem großen, brutalen Heulen –

[*Imitiert.*]

– der Name des Präsidenten über dem Lärm –

FRAU LINCOLN

Aber du kannst nicht sicher sein, meine Liebe –

BETTY

Warum um alles in der Welt könnten sie über dich reden?

FRAU LINCOLN

Natürlich meine Loyalität – Sie wissen, dass meine Brüder in der Südarmee sind und gegen die Union kämpfen. Narren haben mich beschuldigt, ihnen wichtige Geheimnisse der Regierung verraten zu haben. Wenn ich sie für alles *hasse* , was sie mir und meinen angetan haben –!

BETTY

Aber meine liebe Frau Lincoln – solche Lügen über Sie glaubt heutzutage niemand mehr – nicht einmal in diesem erbitterten Wahlkampf – es ist absurd –

FRAU LINCOLN

[*Zögert.*]

Das ist nicht wirklich das, wovor ich Angst habe, Kind – es ist etwas Schlimmeres – ich werde dich jetzt ins Vertrauen ziehen – darf ich?

BETTY

Ich werde von der Ehre zu Tode gekitzelt werden –!

FRAU LINCOLN

Und ich werde dich bitten, mir zu helfen———

BETTY

Ich werde als nächstes im Kabinett sein———!

FRAU LINCOLN

Die Wahrheit ist, ich schulde AT Stewart and Company eine enorme Rechnung für Kleider – 60.000 US-Dollar –

BETTY

Sechzigtausend – oh mein Herr! Das ist schlimmer als meins———!

FRAU LINCOLN

Ich musste sie holen! Die Welt sagte, das Weiße Haus würde durch das Regime meines ungeschickten Mannes in Ungnade fallen – ich habe es ihnen besser gezeigt! Aber ich konnte es Mr. Lincoln einfach nicht sagen. Er hat keine Ahnung, wie viel Kleidung kostet. Wenn diese Schakale es herausgefunden haben und ihn meinetwegen angreifen, wird mich der Gedanke daran umbringen …

BETTY

jeden verteidigen würde, der es wagt, dich anzugreifen.

FRAU LINCOLN

Ja, mein Lieber – aber es würde ihm so weh tun, es aus ihren brutalen Lippen zu hören. Ich möchte, dass du es von deinem Vater erfährst, wenn er weiß –

BETTY

Und wenn sie es wissen –?

FRAU LINCOLN

Kommen Sie hierher, bevor sie es tun, und ich werde sie abwehren – ich werde es zuerst Mr. Lincoln sagen – –

BETTY

[*Lächelnd.*]

Unter einer Bedingung – dass du mir hilfst –

FRAU LINCOLN

Alles, was Sie fragen –

BETTY

Ich habe meinem Verlobten versprochen, dass ich einen Termin vereinbaren würde, damit er den Präsidenten wegen etwas sehr Wichtigem sprechen kann …

FRAU LINCOLN

Mr. Lincoln wird in ein paar Minuten hier sein. Ich lasse ihn zuerst deinen Schatz sehen———

BETTY

Aber – es ist eine persönliche Angelegenheit und er möchte nicht zu einem öffentlichen Empfang kommen. Er will eine Stunde allein – Könnten Sie ihm heute Abend etwas besorgen?

FRAU LINCOLN

Ich glaube schon--

BETTY

Du wirst es versuchen———?

FRAU LINCOLN

Ich werde es *tun* , Kind – auf jeden Fall! Du bist ein treuer Freund, den wir in dieser Menge Wölfe auf dem Capitol Hill haben –

BETTY

Okay, ich werde herausfinden, ob sie über Politik oder die Rechnung Ihrer Schneiderin sprechen.

[BETTY *eilt zur Tür, gefolgt von* MRS. LINCOLN .]

FRAU LINCOLN

Gott segne dich, Kind –

[NICOLAY *kommt durch die andere Tür herein.*]

-Beeil dich!

BETTY

Wenn es um Kleider geht, bin ich ihnen im Weißen Haus zuvorgekommen!

[BETTY *geht.*]

NICOLAY

Der Präsident kommt, Frau –

FRAU LINCOLN

Ich gehe. Aber vielleicht möchte ich ihn vor diesem Komitee sehen – falls ich ihn einschicke – und dafür sorgen, dass er kommt, ja?

NICOLAY

Ich werde versuchen, es zu schaffen. Die Freunde des Chefs könnten Sie wegen Insiderarbeit aufsuchen, Madam.

FRAU LINCOLN

[*Eifrig.*]

Ich werde meinen Teil dazu beitragen, keine Angst!

> [MRS. LINCOLN *geht und* NICOLAY *ordnet hastig seinen Schreibtisch und steht stramm, als* LINCOLN *hereinkommt.*]

> [LINCOLN *durchquert mit langen, nervösen Schritten den Raum, erreicht seinen Schreibtisch, blickt auf den Stapel Briefe und schüttelt müde den Kopf.*]

LINCOLN

Tut mir leid, John, mit all diesen Briefen an deinen Händen –

[*Lacht.*]

Du musst arbeiten--!

NICOLAY

Ich versuche, sie Ihnen aus dem Weg zu räumen, Sir …

LINCOLN

Vielen Dank – Sie kennen die, die ich sehen möchte –

NICOLAY

Jawohl--

LINCOLN

[*Leise.*]

Und vergessen Sie nicht, dass kein Mann und keine Frau von dieser Tür abgewiesen werden kann, die hierher kommt, um um die Rettung eines Menschenlebens zu bitten –

[*Pausiert.*]

Heute Morgen erschießt ein Erschießungskommando einen Jungen in Virginia ——!

[*Schüttelt den Kopf.*]

Ich hoffe, ich habe nichts Falsches getan, sie zuzulassen. Irgendwie konnte ich keinen Vorwand finden, ihn zu retten –

[*Seufzt.*]

Die Generäle sind alle wegen meiner Begnadigung hinter mir her –

NICOLAY

Der Kriegsminister ist jetzt da draußen und kämpft für seine Sache, um Sie von einigen davon abzuhalten, denke ich –

LINCOLN

Lass den alten Mars noch nicht rein. Er hat hier zu dieser Zeit nichts zu suchen. Lassen Sie ihn ein Loch in den Boden scharren.

[*Pausiert.*]

Gibt es heute Morgen Neuigkeiten von der Front?

NICOLAY

[*Überreicht ihm ein Telegramm.*]

Aus den Zeilen von General Grant – nur dies, Sir –

LINCOLN

[*Liest.*]

„Angreifer der konföderierten Kavallerie nehmen einen Brigadegeneral und fünfzig Armee-Maultiere gefangen." – Schade – ein Regiment stürmt hinter den Maultieren her – sie sind 200 Dollar pro Stück wert – Jeff Davis kann meinen Brigadegeneral haben – –!

NICOLAY

[*Lacht.*]

Ja, Sir – und das kam im Code von Sherman –

[*Gibt* LINCOLN *ein weiteres Telegramm.*]

LINCOLN

[*Eifrig.*]

Nachricht von Sherman! Gut!

[*Liest.*]

— „Späher berichten, dass Hoods Schützengräben vor Atlanta uneinnehmbar sind – unter Berücksichtigung einer Flankenbewegung –, aber bis jetzt kann ich weder die Position noch die Stärke von Hoods zweiter Linie ermitteln –" WT Sherman – –

[*Pausiert.*]

Grant ist mit Lee in Petersburg festgefahren – wenn Sherman uns nur Atlanta geben könnte! –

[*Pausiert.*]

Ich habe vor, Sherman direkt einen Befehl zu telegrafieren –!

NICOLAY

Ich würde General Grant nicht mit einem militärischen Befehl übergehen, Sir – er ist sensibel –

LINCOLN

Es könnte Ärger machen – Grant könnte sich über meine Einmischung in seinen Wahlkampfplan ärgern – –

NICOLAY

Es müsste beim Kriegsministerium eingereicht werden –

LINCOLN

Ja, ich weiß. Irgendetwas anderes--?

NICOLAY

[*Gibt ihm ein großes Dokument.*]

Bakers vollständiger Bericht des Geheimdienstes über die Copperhead Societies – Er fordert die sofortige Verhaftung ihrer Anführer – und ich denke, er hat Recht –

LINCOLN

[*Schüttelt den Kopf.*]

Das geht nicht – das geht jetzt nicht – es ist eine hässliche Angelegenheit – zu hässlich für Eile – ich werde es mir genau ansehen –

[*Legt den Bericht auf seinen Schreibtisch.*]

Ich bin jetzt bereit, die Leute zu sehen——

NICOLAY

Das Republikanische Nationalkomitee ist in der Stadt, Sir –

LINCOLN

Was zum Teufel machen sie hier?

NICOLAY

Das ist es, was jeder fragt——

LINCOLN

Sie sollten in ihren Staaten sein und die Partei zum Sieg führen – Was wollen sie?

NICOLAY

Dich sehen--

LINCOLN

Ähm——!

NICOLAY

Henry Raymond, ihr Vorsitzender , ist bei ihnen und hat gerade eine Anhörung vor Ihrem öffentlichen Empfang heute Morgen gefordert.

LINCOLN

Vereinbaren Sie den Termin später. Es sind alles angesehene Männer. Sie können warten, während die bescheideneren Leute an die Reihe kommen. Ich bin aus der Wildnis hierher gekommen. Ich weiß, was es bedeutet, den großen Ansturm auf mich zu haben –

[*Lacht.*]

Nein – ich werde zuerst die einfachen Leute sehen –

NICOLAY

Ich denke, Sie sollten dieses Komitee besser sofort aufsuchen, Sir –

LINCOLN

Warum--? Was hast du gehört——?

NICOLAY

Einige hässliche Gerüchte——

LINCOLN

Erspar mir die Gerüchte! Wir haben genug von ihnen, die durch Washington fliegen, um uns alle zu vergiften. Sie können mir nur wünschen, dass ich mich in dieser Krise an einige meiner Grundsätze halte. Ich habe alle Wahlkampfaussagen gemacht, die ich machen werde. Ich vertraue auf die Vernunft der Menschen. Ich werde mich voll und ganz auf diesen Glauben verlassen und das Urteil dieser Wahl abwarten –

NICOLAY

Sie werden das Komitee jetzt nicht sehen –?

LINCOLN

NEIN--! Ich werde zuerst mein Bad der öffentlichen Meinung nehmen. Ich möchte echte Männer und Frauen sehen und spüren, wie ihre Herzen in meiner Nähe schlagen. Es stärkt mich für die Arbeit des Tages – lass sie rein.

[STANTON *stürmt voller Wut in den Raum.*]

STANTON

Herr Präsident, ich wurde warten lassen!

[*Konfrontation mit* NICOLAY .]

[NICOLAY *wendet sich ab und lacht.*]

Nicolay! Wie können Sie es wagen, mich in einem Vorraum warten zu lassen, während Sie mit dem Präsidenten sprechen? Ich möchte, dass Sie verstehen, Sir, dass ich als Kriegsminister das Recht habe, diesen Raum zu jeder Tages- und Nachtzeit, angekündigt oder unangekündigt, zu betreten, und bei Gott, ich werde dieses Privileg ausüben!

[STANTON *geht wütend auf und ab.*]

LINCOLN

[*Lachen.*]

Nun, du bist jetzt hier und es ist alles in Ordnung, Stanton – ganz einfach! Ganz einfach, sonst müssen wir dir ein paar Steine in die Tasche stecken, um dich festzuhalten. Was kann ich machen--?

STANTON

Herr Präsident, ich bin heute Morgen hierher gekommen, um mit Ihnen den Missbrauch der Begnadigungsbefugnis, den Sie täglich ausüben, offen anzusprechen –

LINCOLN

Als oberster Richter des Volkes bin ich mit dieser Macht ausgestattet, Stanton –

STANTON

[*Wütend.*]

Sie haben unter den vorliegenden Bedingungen keinen Anspruch darauf auszuüben! Die Disziplin in unseren Armeen muss gewahrt bleiben. Sie lähmen mich und jeden General im Feld – indem Sie die Todesstrafe unserer Kriegsgerichte aussetzen. Tausende Menschen desertieren, und wir müssen dem Einhalt gebieten.

LINCOLN

Das ist, was ich sage--! Bringt mir die Verräter, die sie zum Überlaufen bringen, und seht, was ich mit ihnen machen werde!

STANTON

Sie können dem Problem, das ich anspreche, nicht ausweichen, Sir! Sie werden heute Morgen gebeten, einen Deserteur zu begnadigen. Ich rufe hier und jetzt zum Stopp auf – werden Sie heute mit der Anwendung dieser verzeihenden Macht aufhören –?

LINCOLN

Ich muss beide Seiten hören – es ist meine feierliche Pflicht –

STANTON

Alles klar, ich bin fertig. Hier ist mein Rücktritt als Ihr Kriegsminister – Auf Wiedersehen!

> [STANTON *geht wütend zur Tür und* LINCOLN *spricht, während er seine Hand auf den Türknauf legt.*]

LINCOLN

Warten Sie eine Minute--

STANTON

Es nützt nichts, es bringt nichts--

LINCOLN

Komm zurück. Ich habe dir etwas zu sagen.

> [STANTON *kehrt zurück.*]

STANTON

Du verschwendest deinen Atem———

LINCOLN

Stanton, ich habe Sie gegen den Rat aller meiner Mitmenschen zum Kriegsminister ernannt. Sie waren ein streitsüchtiger Demokrat und mein Feind. Sie hatten die gemeinsten Dinge über mich gesagt, die jemals in Washington gesagt wurden – und das bringt es ziemlich stark zum Ausdruck. Du hast mich einen niederen Clown genannt – den ursprünglichen Gorilla. Trotz alledem habe ich *deine* großartigen Qualitäten gesehen! Ich habe gesehen, dass Sie absolut furchtlos und absolut ehrlich waren, dass Ihre Nerven aus Stahl waren und Ihre Arbeitsfähigkeit grenzenlos war. Trotz

Ihrer Leidenschaften und Ihres Hasses zeigten Sie eine Loyalität gegenüber der Union, die über die Parteien und Glaubensbekenntnisse Ihres Lebens hinausging. Ich mag Männer mit deiner starken Persönlichkeit. Sie stehen zwischen einer Nation und der Hölle. Und so habe ich Dich, meinen erbitterten Feind, in mein Kabinett berufen. Ich habe es in diesen Jahren voller Blut und Qual keine Minute bereut. Sie haben den besten Kriegsminister gemacht, den dieses Land je hatte. Trotz deiner gemeinen Charakterzüge und deiner schrecklichen Obszönität habe ich gelernt, dich zu lieben! Nun sind Sie zurückgetreten und Ihrer Meinung nach Ihre Pflicht erfüllt. Ich habe Ihren Rücktritt angenommen, Sie erneut *eingezogen* und Sie wiederernannt ——!

[*Hält inne und streichelt seine Schulter.*]

Gehen Sie zurück an Ihren Schreibtisch und halten Sie sich an die Regeln – das ist Ihre Sache; und ich werde hier weitermachen und Gerechtigkeit durch Gnade mildern, wenn ich die Gelegenheit dazu bekomme.

STANTON

[*Blickt ihn einen Moment lang hoffnungslos an.*]

Naja, ich schätze, ich muss es versuchen.

[*Schnaubt.*]

Aber – ich bin – verdammt – wenn – du – mich – noch einmal – einmischst!

[STANTON *eilt zur Tür.*]

LINCOLN

Alles klar – Aber schau mal, Stanton –

[STANTON *hält inne.*]

Wenn ich Ihnen heute Morgen ein oder zwei Begnadigungen zukommen lassen muss –

STANTON

Höllenfeuer!

LINCOLN

Ganz einfach – jetzt ganz einfach! Sie werden wissen, dass sie *sehr* dringend sind, und keine Verzögerungen aufgrund von Bürokratie dulden –

STANTON

[*Wirft seine Hände in einer wilden Geste der Verzweiflung nach oben.*]

Ach du lieber Gott!

[STANTON *geht.*]

LINCOLN

John, der alte Fuchs *wollte* mich abschrecken, nicht wahr? Bringt sie schnell hierher – wer ist als Erster an der Reihe –?

NICOLAY

Eine junge Dame, die für das Leben ihres Bruders fleht –

LINCOLN

Bring sie rein!

[*Als* NICOLAY *zur Tür geht* , folgt LINCOLN *ihm, um die junge Frau zu treffen. Sie kommt herein, eine verlassene kleine Gestalt mit Babygesicht und blonden Haaren. Sie ist schlicht in selbstgesponnenen Stoff gekleidet und trägt keine Reifröcke. Der Präsident begrüßt sie mit größter Ehrerbietung.*]

[*Er nimmt beide Hände.*]

Meine liebe junge Dame – ich freue mich, Sie zu sehen – guter alter Pennsylvania Dutch! Ich kannte Sie, bevor Sie gesprochen haben – meine Eltern kamen von dort in der alten Kolonialzeit nach Virginia –

DIE SCHWESTER

[*Überwinden.*]

Oh – Meester – Präsident – Sie sind so gut zu mir – Sie sind so nett –

[*Pausen überwunden.*]

Ich habe keine Sprache –

LINCOLN

Kommen Sie jetzt und sagen Sie mir auf Ihre Art, was ich tun kann, um Ihnen zu helfen –

DIE SCHWESTER

Oh – Meester Präsident – Sie können alles tun – Sie können alles tun – und ich freue mich so, Sie zu sehen – ich kann gar nicht anfangen –

LINCOLN

[*Beruhigt sie.*]

Lass dir Zeit, kleines Mädchen – alle anderen müssen jetzt auf dich warten –

DIE SCHWESTER

Ja- ja – jetzt bin ich dran – ja , und ich muss mich beeilen. Siehst du, es ist mein Bruder – er ist nur von Leetle poy , Meester Präsident – von Leetle Poy mit lockigem Haar wie ich——

[*Sie würgt.*]

LINCOLN

[*Nimmt ihre Hand.*]

Und was ist mit ihm passiert, mein Lieber?

DIE SCHWESTER

Nun ja, du siehst, er lebt Als ich in Pennsylvania war – wir sind ganz allein – und er verließ mich und ging in die Armee – und als böser Mann gab er ihm ein kleines Buch , um ihm zu sagen, er solle desertieren und nach Hause zu seinen Völkern gehen – ich hatte ein kleines Buch , Meester Präsident ——

[*Sie gibt ihm das Buch.*]

Und mein Bruder , er ist so ein Kerl Poy , er las und denkt er Das sagt das Buch, und er verlässt die Armee , kommt nach Hause, küsst mich und sagt: „Ich werde mich jetzt um dich kümmern, mein seester ——"

[*Bricht zusammen.*]

Und er kam und ergriff ihn , und nun soll er erschossen werden –

[*Sie würgt.*]

[LINCOLN *liest den Titel des kleinen Buches.*]

LINCOLN

„Warum sollten Brüder kämpfen?" „Von Richard Vaughan" – ein alter Anführer der Copperheads, das gebe ich zu!

[*Pausiert.*]

Und du bist ganz allein zu mir gekommen, kleines Mädchen?

DIE SCHWESTER

Ja – ich habe keine Freunde hier –

LINCOLN

Ihr Kongressabgeordneter weiß davon nichts?

[NICOLAY *beginnt, die Begnadigung zu verstehen.*]

DIE SCHWESTER

Ich kenne den Kongressabgeordneten nicht – mein Leetle Bruder ist alles was ich habe ——

LINCOLN

Allein, ohne Freunde – ohne einen Kongressabgeordneten, der für Sie spricht! Nun, kleines Mädchen, du brauchst niemanden, der für dich spricht – du sprichst für dich selbst – du bist gut und ehrlich und liebst deinen Bruder – und bei Jings , du trägst keine Reifröcke – es tut mir leid, mich über die Alten lustig zu machen Schon wieder Stanton——

[*Lacht.*]

Aber ich werde deinem Bruder verzeihen –!

DIE SCHWESTER

[*Ergreift und küsst seine Hand.*]

Oh – Meester Präsident – ich preise den guten Gott –

LINCOLN

Dort! Dort! Nun, tun Sie das nicht, ich werde gleich in Tränen ausbrechen und John Nicolay hier wird mich sehen –

DIE SCHWESTER

Ja! Meester Nicolay – wird nichts dagegen haben – er ist auch so nett zu mir –

[NICOLAY *hat die Begnadigung vorbereitet und der Präsident unterschreibt sie und überreicht sie ihr.*]

DIE SCHWESTER

[*Ergreift die Begnadigung.*]

Wiz mein ganzes Herz!

LINCOLN

[*Zu* NICOLAY .]

Schicken Sie sie zu Stanton und fordern Sie ihn auf, den Befehl zu überstürzen, um die Hinrichtung auszusetzen. Sie sollen diesen armen Jungen, der unsere Gesetze nicht kennt, nicht erschießen, aber wenn er den Mann finden kann, der dieses kleine Buch hingelegt hat …

[*Hält das Buch hoch.*]

in seine Hand, zum Verlassen raten – ich werde ihn an einen vierzig Ellen hohen Galgen hängen!

[*Er legt die Broschüre auf seinen Schreibtisch.*]

[Schreibt NICOLAY *auf der Rückseite des Begnadigungsschreibens.*]

DIE SCHWESTER

[*Freudig.*]

Mein Bruder Er Ich werde zurückgehen und er wird von Goot sein Vielen Dank für Sie, Meester Präsident ——

LINCOLN

Ja, ich weiß, dass er es tun wird, mein Kind, ich weiß, dass er es tun wird. Auf Wiedersehen und Gott segne Sie.

DIE SCHWESTER

Und Gott segne Sie, Herr Präsident ——!

[NICOLAY *bleibt an der Tür stehen und gibt dem Türsteher Befehle.*]

NICOLAY

Edward, bring sie mit dieser Nachricht zum Kriegsministerium –

EDUARD

Jawohl--

KONGRESSABGEORDNETE

Ich verlange, den Präsidenten sofort zu sehen –

NICOLAY

Ich kann Sie im Moment nicht einlassen, Herr Kongressabgeordneter –

KONGRESSABGEORDNETE

[*Er drängt sich hinein.*]

Ich verlange es, Sir –

[LINCOLN *geht zur Tür.*]

LINCOLN

Was ist los, John——

KONGRESSABGEORDNETE

Herr Präsident, ich war dreimal hier! Ich fordere das Recht, Sie zu sehen –
um einen meiner Wähler um Verzeihung zu bitten.

LINCOLN

In Ordnung! Raus mit der Sprache!

KONGRESSABGEORDNETE

Er ist einer der angesehensten Bürger von Massachusetts; ein
Sklavenhändler, dessen Schiff beschlagnahmt wurde. Er hat fünf Jahre im
Gefängnis verbracht und kann die hohe Geldstrafe nicht bezahlen – Er ist
im Herzen kein schlechter Mensch.

LINCOLN

Und er möchte , dass *ich* ihm – diesem Sklavenhändler – verzeihe!

KONGRESSABGEORDNETE

Ich frage es aus Gründen der Gerechtigkeit – er hat die Strafe bezahlt – fünf
lange Jahre Gefängnis – –

LINCOLN

[*Lacht.*]

Einem Mörder aus dem alten Massachusetts könnte ich vielleicht verzeihen,
sie hat in diesem Krieg glorreiche Dienste geleistet – aber ein Mann, der sein
Geschäft daraus machen kann, nach Afrika zu gehen und dort hilflose
Männer, Frauen und Kinder zu berauben und sie in die Knechtschaft zu
verkaufen –!

[*Er hält inne und versteift sich.*]

– bevor dieser Mann durch irgendeine meiner Taten die Freiheit erlangen
kann, kann er im Gefängnis bleiben und verrotten!

NICOLAY

[*An den Kongressabgeordneten.*]

Jetzt haben Sie es geschafft———!

KONGRESSABGEORDNETE

[*Niedergeschlagen.*]

Ja – ich habe es gehört –

LINCOLN

[*Er wendet sich wieder seinem Schreibtisch zu und prüft
seine Unterlagen.*]

Gut – Bring den nächsten rein, John!

> [*Als* NICOLAY *mit dem Kongressabgeordneten geht,
> der weiterhin laut redet, schleicht ein süßes kleines
> Mädchen von zwölf Jahren vorbei und erreicht
> unangekündigt den Schreibtisch des Präsidenten. Der
> Präsident hat seinen Platz eingenommen und schreibt.
> Während der Präsident weiterschreibt, schleicht sich das
> kleine Mädchen an ihn heran und beobachtet ihn
> wehmütig. Er hebt den Kopf, sieht sie und lächelt.*]

Was für ein kleines Mädchen – und du bist ganz alleine hier reingekommen
–?

VIRGINIA

Ich schlich mich hinein, als niemand hinsah –

LINCOLN

Hast du? Warum hast du das getan?

VIRGINIA

Ich hatte Angst, dass sie mich nicht reinlassen würden, wenn sie wüssten,
was ich wollte –

LINCOLN

> [*Zärtlich.*]

Und was *willst* du?

VIRGINIA

Bitte, Sir – ein Pass, um durch die Linien nach Virginia zu gelangen – mein
Bruder ist dort – er wurde in der letzten Schlacht erschossen – und ich
möchte ihn sehen.

LINCOLN

Natürlich tun Sie das – und das werden Sie auch.

> [*Er greift nach seinem Stift, schreibt einen Pass und
> gibt ihn ihr.*]

VIRGINIA

> [*Atemlos.*]

Oh, danke – danke!

LINCOLN

[*Legt beiläufig seine Hand auf ihren Kopf.*]

Natürlich bist du loyal——?

[VIRGINIAS *Lippen zittern, sie zögert, blickt aus trüben Augen in sein Gesicht und ihr schlanker Körper versteift sich, während sie langsam spricht.*]

VIRGINIA

Ja – treu – von ganzem Herzen – Virginia gegenüber!

[*Die zitternden kleinen Finger geben ihr den Pass zurück, während ihr die Tränen über die Wangen rollen.* LINCOLN *wendet den Blick ab, um seine eigenen Gefühle vor ihr zu verbergen, beugt sich vor und nimmt ihre Hand in seine. Seine Stimme ist tief und zart und voller Gefühl.*]

LINCOLN

Ich weiß, was es dich gekostet hat, das zu sagen, Kind. Du bist ein mutiges kleines Mädchen! Und ich werde dich immer lieben für diesen Einblick, den du mir von einem großartigen Geist und einem großartigen Volk gegeben hast. Deshalb kann ich den Süden nicht gehen lassen – Sie können diese Union nicht verlassen. Wir brauchen sie – Jetzt kann ich dir vertrauen –?

VIRGINIA

[*Eifrig.*]

Jawohl!

[NICOLAY *kommt mit einer jungen Mutter und einem Baby herein und zögert beim Anblick des kleinen Mädchens.*]

LINCOLN

Komm rein, John, es ist alles in Ordnung. Ich bin fast fertig mit dieser jungen Dame——

[NICOLAY *bringt die junge Mutter an den Schreibtisch und* LINCOLN *führt* VIRGINIA *auf die Bühne.*]

Komm her, mein Lieber, damit der alte Mann Nicolay uns nicht hören kann – er könnte es nicht verstehen.

[*Er setzt sich auf einen Stuhl und zieht das Mädchen an sich.*]

Sie sehen, ich verstehe Sie – und kann Ihnen bedingungslos vertrauen. Wenn ich dir das jetzt zurückgebe und dich gehen lasse – versprichst du mir dann, dass dir kein Wort von dem über die Lippen kommt, was du in unseren Linien gesehen hast?

VIRGINIA

Oh ja – ich verspreche es –!

LINCOLN

[*Gib ihr den Pass.*]

Möge Gott den Tag beschleunigen, Kind, an dem dein und mein Volk keine Feinde mehr sein werden –

VIRGINIA

Danke mein Herr!

LINCOLN

Lauf jetzt!

[VIRGINIA *geht. An der Tür wirft sie ihm einen Kuss zu.*]

[LINCOLN *kommt schnell auf die Mutter zu und begrüßt sie fröhlich.*]

Na, kleine Mutter, was ist los?

[*Sie zögert und appelliert an* NICOLAY .]

NICOLAY

Sag es ihm selbst –

DIE MUTTER

[*Zitternd.*]

Bitte, Sir, wir sind erst seit etwas mehr als einem Jahr verheiratet, und mein Mann hat das Baby noch nie gesehen …

LINCOLN

Das ist sehr schade--

DIE MUTTER

Er ist in der Armee und ich konnte es nicht länger ertragen – also bin ich nach Washington gekommen, um eine Genehmigung zu bekommen, um ihm das Baby zu bringen. Aber er wollte es mir nicht im Kriegsministerium überlassen …

LINCOLN

[*Lacht.*]

Ich wette, der alte Mars würde das nicht tun – Puh!

[*Pausiert und dreht sich zu* NICOLAY UM .]

Was sagen Sie. John – schicken wir sie runter?

NICOLAY

Es wurden strengste Befehle erlassen, um den Frauen den Gang an die Front zu verbieten.

LINCOLN

Humph——! Nun, ich sage Ihnen, was wir tun *können* : Beurlauben Sie ihren Mann und lassen Sie *ihn* hierher kommen, um *sie zu sehen* !

DIE MUTTER

[*Lachen und weinen.*]

Dir macht es nichts aus, dass ich lache, oder? Ich kann einfach nicht anders – ich kann nicht aufhören! Ich kann nicht aufhören zu lachen!

LINCOLN

Lache und weine, so viel du willst – aber sag mir, wo hörst du auf?

DIE MUTTER

Noch nirgends, Sir –

LINCOLN

Wie ist das?

DIE MUTTER

Ich ging direkt vom Depot zum Kriegsministerium und lief dann blind und weinend durch die Straße, bis ich mich entschloss, hierher zu kommen.

LINCOLN

Dann regeln wir das! Nicolay wird Ihnen einen Befehl schreiben, der Sie und Ihr Baby in ein gutes Krankenhaus bringt und sich um Sie kümmert, bis Ihr Mann kommt – und es in Ordnung bringt, damit *er* eine Woche bei Ihnen bleiben kann –

DIE MUTTER

[*Lacht.*]

Ich kann dir einfach nicht danken! Ich bin so glücklich, ich kann nur lachen!

LINCOLN

Lach weiter, kleine Mutter – und ab jetzt – weg mit dir!

[*Die Mutter geht lachend hinaus.*]

[NICOLAY *führt die kleine Mutter hinaus und kehrt nach* LINCOLN ZURÜCK .]

NICOLAY

Die Abordnung farbiger Männer, die Sie heute Morgen gebeten haben, zu kommen, wartet, Sir – werden Sie sie jetzt sehen?

LINCOLN

Auf einmal--

[LINCOLN *wendet sich seinem Schreibtisch zu, greift nach einem Dokument mit seinem Kolonisierungsplan und untersucht es, als* NICOLAY *und drei gut gekleidete farbige Männer eintreten. Sie sind typische Afrikaner.*]

ERSTER NEGER

[*Verbeugt sich ehrerbietig.*]

Herr Präsident--!

ZWEITER NEGER

[*Zärtlich.*]

Unser Vater Abraham———

DRITTER NEGER

[*Mit religiösem Gefühl.*]

Wir grüßen unseren Erlöser!

LINCOLN

Willkommen meine Freunde. Ich habe heute Morgen nach Ihnen geschickt, um Ihnen eine Kopie meines Kolonisierungsplans in die Hände zu legen und Sie um Ihre Hilfe zu bitten –

ERSTER NEGER

Jawohl--

[Die ebenholzfarbenen Gesichter mit ihren cremeweißen Zähnen und ihren großen, rollenden Augen bilden einen auffälligen Kontrast zum rauen Gesicht und der Haltung des Präsidenten.]

LINCOLN

Meiner Meinung nach erleidet Ihre Rasse das größte Unrecht, das jemals einem anderen Volk zugefügt wurde. Aber selbst wenn Sie aufhören, Sklaven zu sein, sind Sie noch weit davon entfernt, mit der weißen Rasse gleichgestellt zu werden. Auf diesem weiten Kontinent ist kein einziger Mann Ihrer Rasse einem einzigen Mann unserer Rasse ebenbürtig –

ERSTER NEGER

Es ist so – ja, es ist so –!

LINCOLN

Gehen Sie dorthin, wo Sie am besten behandelt werden und das Verbot immer noch auf Ihnen lastet. Ich kann es nicht ändern, wenn ich würde. Deshalb ist es für uns beide besser, getrennt zu sein. Zum Wohle Ihres Volkes sollten Sie etwas von Ihrem derzeitigen Komfort opfern.

ERSTER NEGER

Lassen Sie sich von unserem großen Anführer den Weg zeigen –

LINCOLN

Die Kolonie Liberia ist eine alte und steht Ihnen offen. Ich bin gerade dabei, ein weiteres in Mittelamerika zu eröffnen. Sie sind intelligent und wissen, dass Erfolg weniger von externer Hilfe als vielmehr von Eigenständigkeit abhängt. Wenn Sie sich an dem Unternehmen beteiligen, werde ich das Geld ausgeben, das mir der Kongress für diesen Zweck anvertraut hat. Ich bitte Sie, ernsthaft darüber nachzudenken, nicht nur für sich selbst, auch nicht für Ihre und unsere Rasse in der gegenwärtigen Zeit, SONDERN ZUM WOHL DER MENSCHHEIT.

ERSTER NEGER

Das werden wir, Sir –!

LINCOLN

Die praktische Sache, die ich herausfinden möchte, ist, ob ich eine Anzahl arbeitsfähiger Männer mit ihren Frauen und Kindern auf einmal zum Gehen bringen kann – Männer, die sozusagen „ihr eigenes Futter schneiden können" –? Nehmen Sie diesen Plan, zeigen Sie ihn Ihren Leuten –

[Übergibt das Dokument dem Ersten Neger.]

– und finde das für mich heraus –

ERSTER NEGER

Wir werden unser Bestes tun--

DRITTER NEGER

[*Verbeugt sich vor religiöser Ekstase.*]

Loben Sie Gott für immer für unseren Erlöser-Führer –!

> [NICOLAY *führt die drei Neger hinaus und zeigt eine*
> *stattliche, schwarz gekleidete Gestalt, die um ihren Tod*
> *trauert. Sie geht leise auf den Präsidenten zu und streckt*
> *ihm mit einem liebenswürdigen Lächeln die Hand*
> *entgegen.*]

DIE FRAU

Vielleicht habe ich Unrecht getan, Ihre Zeit in Anspruch zu nehmen –

LINCOLN

Meine Zeit gehört den Menschen, Madam –

DIE FRAU

Ich bin aus einem Impuls heraus zu Ihnen gekommen, Herr Präsident, dem ich nicht widerstehen konnte. Mr. Stoddard, Ihr dritter Sekretär, ist mein Freund. Er erzählte mir heute Morgen, dass die ganze Nacht das Geräusch Ihrer Schritte aus diesem Raum kam. Er hörte es um neun, um zehn, um elf. Um Mitternacht ließ der Kriegsminister die Tür angelehnt, und das stetige Trampeln ertönte mit stärkerem Ton. Das Letzte, was er um drei hörte, war das gedämpfte Geräusch von oben. Der Wachmann sagte, es habe bei Tageslicht nicht angehalten. Ich habe gesehen, wie Sie allein unter dem Kummer einer Nation taumelten, und ich fragte mich, ob Ihnen die Vision gegeben wurde, den Beginn eines neuen Lebens für unser Volk zu sehen. Ich weiß, ich schaue in die Augen des Mannes, dessen Wort diesen Krieg beenden und die Union spalten kann – ich bin gekommen, um Ihnen zu sagen, dass ich meinen erstgeborenen Sohn in Fredericksburg verloren habe – einen Jungen von zwanzig Jahren –

> [*Sie hält inne und* LINCOLN *beugt sich vor und drückt*
> *ihr die Hand.*]

Möge Gott Ihnen in Ihren Prüfungen helfen, Herr Präsident, so wie er mir in meinen geholfen hat –

LINCOLN

[*Erschrocken.*]

Du hast deinen Erstgeborenen in Fredericksburg verloren und bist gekommen, um mir das zu sagen?

DIE FRAU

Und ich habe Tag und Nacht für dich gebetet, seit –

LINCOLN

[*Leise.*]

Würden Sie das noch einmal sagen, meine Dame?

DIE FRAU

Ich habe Tag und Nacht für Sie gebetet und bin heute Morgen gekommen, um Ihnen diese Botschaft zu überbringen: Seien Sie stark und mutig, und Gott wird die Nation durchbringen!

LINCOLN

Sagst du mir das – stehst du neben dem Grab deines Sohnes?

DIE FRAU

Und neben dem Feldbett meines anderen sechzehnjährigen Jungen, der in General Grants letzter Schlacht gefährlich verwundet wurde. Ich bin stolz darauf, zwei solcher Söhne auf den Altar meines Landes legen zu dürfen. Ich *musste* dir sagen, dass ich für dich bete.

[LINCOLN *schließt beide Hände über ihre und hält sie einen Moment schweigend.*]

LINCOLN

[*Mit Blick nach oben.*]

Wie seltsam, dass du in dieser schwarzen Stunde mit einer solchen Nachricht zu mir kommst. Ich habe mich oft gefragt, ob die Seele meiner Mutter nicht zu mir spricht! An dem Tag, als sie in den Wäldern von Indiana starb, sagte sie mir, dass ihr Geist wachen würde, wenn dunkle Stunden kämen, und sie würde mir helfen, wenn sie könnte! Während du mit mir gesprochen hast, habe ich das Zittern ihrer Stimme und das Zittern ihrer Lippen gespürt – wie seltsam!

[*Schaut ihr ins Gesicht.*]

Danke Frau! Du hast mir Medizin für Körper und Seele gebracht.

[LINCOLN *drückt ihr erneut die Hand und sie geht leise, während er ihr nachschaut.*]

[NICOLAY *folgt ihr zur Tür* – LINCOLN *hebt seine Hand.*]

John, ich bin jetzt ausgeruht – ich bin für jede Arbeit bereit –!

NICOLAY

Das Nationalkomitee ist gerade angekommen, Sir.

LINCOLN

Also gut – lasst sie rein!

[LINCOLN *nimmt wieder seinen Platz neben seinem Schreibtisch ein und das Komitee unter der Leitung von* HENRY RAYMOND , *Herausgeber der New York Times, tritt ein und stellt sich feierlich um den Präsidenten.*]

[*Zu* HENRY RAYMOND – *er nimmt seine Hand förmlich.*]

Raymond, das ist eine unerwartete Ehre, die Sie und Ihr Ausschuss mir erweisen. Ich dachte, Sie wären an Ihrem Schreibtisch im *Times-* Büro und würden unseren Feinden heiße Schüsse in die Flanken schießen, und die Jungs wären alle zu Hause und kämpften am ersten Dienstag im November um den Sieg, der uns gehören sollte. Nicht, dass Sie unerwünscht wären. Sie sind die Führer der öffentlichen Meinung. Die Menschen regieren dieses Land, und ich bin ihr Diener – was ist das –?

RAYMOND

Sie können sicher sein, Herr Präsident, dass unsere Mission von größter Bedeutung ist. Diese Herren haben aus ihren verschiedenen Staaten so erschreckende Berichte über die Bitterkeit und Härte des Kampfes mitgebracht, dass sie zu einem einstimmigen Schluss gekommen sind –

LINCOLN

Und das ist--?

RAYMOND

Mit Ihrer Persönlichkeit und Ihrer Bilanz gegenüber General McClellan, Ihrem demokratischen Gegner, ist die Wahl für uns verloren.

LINCOLN

Ihre Aussage ist unverblümt. Aber da ich für eine zweite Amtszeit nominiert wurde, meine Partei die Unterstützung meiner Regierung erhalten hat und die Wahlen nur noch acht Wochen entfernt sind, gibt es nur eine Schlussfolgerung: Sie sollten die Ärmel hochkrempeln und antreten arbeiten.

RAYMOND

Das Nationalkomitee, Herr Präsident, ist zu einem anderen Schluss gekommen –

LINCOLN

Ja--?

RAYMOND

Angesichts Ihrer Unbeliebtheit, angesichts der Kritik an Ihrer Politik und Ihrer Kriegsführung – sie haben beschlossen, Sie aufzufordern, von der Kandidatur zurückzutreten und ihnen die Benennung eines neuen Kandidaten zu gestatten – –

LINCOLN

[*Springt auf.*]

Was--!

RAYMOND

Ich *habe* es unverblümt gesagt –

LINCOLN

Und das ist Ihr einstimmiges Urteil, meine Herren –?

ALLE

Ja.

LINCOLN

[*Geht einen Moment auf und ab und blickt dann zum Ausschuss.*]

Es übertrifft den menschlichen Glauben! Zukünftige Generationen werden es für unglaublich halten, dass Sie, meine Parteiführer, den Mann, der Sie zu Ihrem ersten und einzigen Sieg geführt hat, mit dieser Beleidigung überhäufen. Dass du heute hierherkommst und mich aufforderst, den Beschuss zu beenden und ohne einen Schlag alles zu opfern, wofür es sich auf dieser Erde zu kämpfen lohnt –!

RAYMOND

Das Komitee hat seinen Antrag ausschließlich aus patriotischer Pflicht gestellt – und fordert Sie aus demselben Grund um das Opfer. Sie fanden es unmöglich, Ihre Politik zu verteidigen –

LINCOLN

[*Schroff.*]

Welche Richtlinien?

RAYMOND

Verstehen Sie mich, Herr Präsident – ich erzähle Ihnen die Schlussfolgerung dieses Ausschusses –

LINCOLN

Also gut, Raymond – feuern Sie ab – ersparen Sie mir bitte die Reden – nennen Sie mir einfach nacheinander die klaren Gründe, warum Sie möchten, dass ich vom Strafzettel gestrichen werde –

RAYMOND

Die erste Politik, die sich als nicht vertretbar erwies, war Ihr Umgang mit den Grenzsklavenstaaten Maryland, Kentucky und Missouri. Sie haben die Sklaven in diesen Staaten, den einzigen, in denen Sie überhaupt die Macht dazu haben, noch nicht für frei erklärt.

LINCOLN

Die erste Politik meiner Regierung bestand darin, die großen Grenzstaaten für die Union zu retten – aus dem einfachen Grund: Mit diesen Grenzsklavenstaaten haben wir ein solches Kräftegleichgewicht, dass die Union gerettet werden *kann*! Ohne diese Staaten ist die Union *nicht* zu retten! Deshalb habe ich in meiner Emanzipationsproklamation absichtlich nicht die Frage nach dem Recht oder Unrecht der Sklaverei aufgeworfen. Wenn Sklaverei nicht falsch ist, ist nichts falsch. Aber die Verfassung der Vereinigten Staaten, deren Einhaltung ich in den Grenzstaaten Maryland, Kentucky und Missouri geschworen habe, garantiert ihrem Volk das Recht, Sklaven zu halten, wenn es dies wünscht.

RAYMOND

Aber warum sollte man dem Sklavenhalter von Maryland auf die Schulter klopfen und den Sklavenhalter von South Carolina angreifen?

LINCOLN

Weil Maryland der Union gegenüber loyal ist und South Carolina dagegen ankämpft. Meine Proklamation war keine Predigt über die Rechte der Menschen – ob schwarz oder weiß. Es war eine Kriegshandlung – ein Schlag, der ins Herz des sich abspaltenden Südens zielte, um seinen Reichtum und seine Macht zu brechen, den Krieg zu beenden und die Union zu retten. Ich kenne den Zauber der *Staatstreue* im Süden, meine Herren. Ich bin dort geboren. Viele Mütter in Richmond weinten an dem Tag, als unsere Flagge von ihrem Kapitol fiel. Aber sie wischten ihre Tränen weg und schickten ihre Söhne am nächsten Tag an die Front, um gegen diese Flagge zu kämpfen — *im Namen Virginias* ! Das Gleiche gilt für Tausende von Müttern in diesen Grenzsklavenstaaten, wenn ich sie auf die Probe stellen würde. Zu Gottes eigener Zeit wird die Sklaverei abgeschafft. Ich habe diese Staaten durch Versöhnung und Kompromisse für unsere Sache gerettet. Ich werde mich für diese Tat nicht entschuldigen.

[*Er hebt seine Hand, um die Unterbrechung zu beenden.*]

Mein vorrangiges Ziel ist die Rettung der Union und nicht die Rettung oder Zerstörung der Sklaverei. Wenn ich die Union retten könnte, ohne einen Sklaven zu befreien, würde ich es tun. Und wenn ich es retten könnte, indem ich alle Sklaven befreie, würde ich es tun. Und wenn ich es retten könnte, indem ich einige befreie und andere in Ruhe lasse, würde ich das auch tun. Was ich gegen Sklaverei und die farbige Rasse tue, tue ich, weil ich glaube, dass es *zur Rettung dieser Union beiträgt* !

[*Hält inne und stellt sich seinen Anklägern.*]

Ich werde diese Frage hier testen: Werden die drei Komiteemitglieder aus Kentucky, Missouri und Maryland für eine Minute aufstehen?

[*Die drei Komiteemitglieder erheben sich.*]

Wird mir der Herr aus Kentucky sagen, welche Auswirkungen es gehabt hätte, wenn ich seinen Staat in meine Proklamation zur Befreiung der Sklaven einbezogen hätte?

DER KENTUCKY-KOMITEE

Der Staat wäre aus der Union ausgetreten, Sir.

LINCOLN

Einfach so und in Missouri?

DER MISSOURI-KOMITEE

Die Legislative wäre innerhalb von vierundzwanzig Stunden der Konföderation beigetreten.

LINCOLN

Und Maryland——?

DER MARYLAND-KOMITEE

Maryland hätte umgehend die nach Washington führenden Eisenbahnen gekappt, die Hauptstadt isoliert und sich dem Süden angeschlossen.

LINCOLN

Und mit dem Verlust unserer Hauptstadt hätte Europa, das unbedingt zuschlagen wollte, die Konföderation anerkannt, nicht wahr?

DER MARYLAND-KOMITEE

Zweifellos, Sir –

LINCOLN

Also halte ich –

DER MARYLAND-KOMITEE

Unser Staat hat Ihnen geglaubt, als Sie in Ihrer Antrittsrede sagten: „Ich habe nicht die Absicht, direkt oder indirekt in die Institution der Sklaverei in den Staaten einzugreifen, in denen sie existiert!"

LINCOLN

Dann sind zumindest Sie drei Herren in dieser Frage meiner Meinung?

ALLE DREI

Ja-! Ja-! Ja-!

LINCOLN

Ich dachte auch--

[*Zu Raymond.*]

Was als nächstes?

RAYMOND

Ihr Plan, die Negerrasse zu *kolonisieren* , wie er in Ihrer Emanzipationserklärung und in dem Gesetzentwurf, den Sie durch den Kongress gebracht haben, zum Ausdruck kommt, hat Ihren besten Freunden geschadet –

LINCOLN

Und warum sollte es? Meine Ansichten zu diesem Thema waren allen Menschen bekannt, bevor Sie mich vor vier Jahren in Chicago zum ersten Mal nominiert haben. Ich sagte damals, dass ich glaube, dass es einen starken physischen Unterschied zwischen der weißen und der schwarzen Rasse gebe, und dass ich Kolonialisierung immer mit Freiheit verbunden habe. Der

Neger kann nicht in einer freien Demokratie bleiben, wenn wir ihn nicht in unser soziales und politisches Leben integrieren. Deshalb müssen wir ihn kolonisieren. Wir schulden es uns selbst, wir schulden es künftigen Generationen – vor allem schulden wir es dem Neger selbst. Er wurde mit grausamer Gewalt hierher gebracht. Deshalb sollten wir ihn auf eigene Kosten in die Heimat seiner Väter zurückbringen und dort eine freie Republik für seine Kinder errichten. Wir sollten ihm unsere Sprache und unsere Ideale geben, und wir sollten ihm Millionen unseres Geldes geben, bis er alleine bestehen kann. Diesem Problem müssen wir uns jetzt direkt stellen.

RAYMOND

Dennoch gehen Sie in anderen Fragen Kompromisse ein.

LINCOLN

Nur weil ich die Union retten muss. Beschränken Sie sich auf *dieses* Problem, und künftige Generationen werden mit Blut und Tränen zu diesem Thema zurückkehren. Ich habe immer daran geglaubt, dass das Glück und der Fortschritt dieser Union Freier Demokratischer Staaten nur in der Trennung der weißen und schwarzen Rassen gesichert sein werden, und ich werde meine Worte nicht fressen!———

[*Pausiert.*]

– der nächste Anklagepunkt in Ihrer Anklageschrift, meine Herren?

RAYMOND

Ich präsentiere jetzt den Hon. Thaddeus Stevens, Vorsitzender des Kongresses, der Vertreter des radikalen Flügels unserer Partei, der unsere Organisation gespalten hat, indem er einen anderen Kandidaten für das Präsidentenamt nominiert hat – Mr. Stevens wird ihre Ansichten darlegen.

STEVENS

[*Pompös zum Komitee.*]

Der radikale Flügel der Partei, meine Herren, war die einzige schöpferische Kraft in ihr – und ist das Einzige, was ihr heute eine Entschuldigung dafür gibt.

LINCOLN

[*Fest.*]

Was bedeutet, dass Sie denken, ich sei überflüssig und war es schon immer – ich danke Ihnen – machen Sie weiter!

STEVENS

Wir verurteilen zunächst Ihre Politik des Wiederaufbaus im Süden als schwach und schwankend – ein ziviles und militärisches Versagen. Während die Armee vorrückt, sollte der Süden als erobertes Land gehalten werden, seine Zivilisation sollte bis auf die Wurzeln ausgerissen werden, das Eigentum der südlichen Weißen sollte beschlagnahmt und den Negern übergeben werden. Der Stimmzettel muss den Weißen abgenommen und ihren Sklaven gegeben werden. Wir fordern diese gerechte Rache und geben uns mit nichts Geringerem zufrieden!

LINCOLN

Stevens, ich begrüße Ihre Forderungen mit Scham! Sicherlich sollten die Ausmaße dieses Krieges, seine erbitterten Schlachten, sein Heldentum, seine Qual, seine erhabene Ernsthaftigkeit alle Rachepläne zunichte machen. Vor der Erhabenheit dieser einfachen Geschichte werden unsere Kinder mit unbedecktem Kopf wandeln. Eroberter Boden! Der Süden war nie aus dieser Union heraus. Die Sezession war von Anfang an null und nichtig. Ich sage jetzt dem Süden, wie ich es immer gesagt habe: „Komm zurück nach Hause! Du kannst jederzeit Frieden haben, indem du einfach deine Waffen niederlegst und dich der Nationalen Autorität unterwirfst." Wenn der Süden zermalmt zu unseren Füßen liegt, wird Gottes Rache ausreichen.

STEVENS

Das Leben unserer Partei, Sir, verlangt, dass der Neger die Wahl erhält und zum Herrscher des Südens ernannt wird. Das ist keine Rache. Es ist Gerechtigkeit – es ist Patriotismus.

LINCOLN

Die Nation kann nicht geheilt werden, bis der Süden geheilt ist. Lassen Sie die Kluft schließen, in der wir Streit und Hass begraben. Der gesunde Menschenverstand unseres Volkes wird Ihrem Racheplan niemals zustimmen.

STEVENS

Die Leute haben keinen Sinn! Und jede Sekunde wird ein neuer Narr geboren.

LINCOLN

Ich habe festes Vertrauen in ihre Ehrlichkeit und ihr gutes Ziel. Ich habe den Menschen schon früher vertraut, und sie haben mich nicht im Stich gelassen.

STEVENS

Bah——!

LINCOLN

Ich kann dir nicht sagen, Stevens, wie sehr mich deine giftigen Pläne anekeln. Wenn es möglich ist, würde ich lieber mit Ihnen zusammenarbeiten, als gegen Sie zu kämpfen. Aber jetzt ist die Grenze gezogen – wir müssen kämpfen – und ich habe keine Angst vor dir.

STEVENS

Du solltest besser zuhören –

LINCOLN

Ich werde zulassen, dass mein rechter Arm von meinem Körper abgetrennt wird, bevor ich einen einzigen Racheakt an einem tapferen, gefallenen Feind vollziehen kann!

STEVENS

Ich wusste schon immer, dass du eine heimliche Bewunderung für den Süden hegst!

LINCOLN

Ich liebe den Süden – er ist ein Teil dieser Union! Und wenn der Fluch der Sklaverei aufgehoben ist, sollte es der Gartenplatz der Welt sein – ich liebe jeden Fuß seines Bodens – jeden Hügel und jedes Tal und jeden Mann, jede Frau und jedes Kind darin. Ich bin ein Amerikaner!

STEVENS

Die Art von Amerikaner, die die Wahl Ihres Gegners, General George B. McClellan, zu einer Gewissheit macht –

LINCOLN

Nun, wen würden Sie an meiner Stelle einsetzen?

> [*Er steht* RAYMOND *und* STEVENS GEGENÜBER
> und *es folgt Totenstille.*]

Komm schon – raus mit seinem Namen –!

> [*Sie schweigen.*]

Du kannst ihn nicht nennen? Lassen Sie mich versuchen, ihn für Sie zu nominieren – Auf einer Plattform der Ächtung und Rache, der Erhängung von Rebellenführern, der Beschlagnahmung des Eigentums der Weißen im Süden und seiner Schenkung an die Neger, der Entnahme des Stimmzettels von den … Weiße und die Herrschaft ihrer Sklaven über sie – in diesem Programm trete ich als Ihr Kandidat zurück und nominiere den Hon. für das Amt des Präsidenten. Thaddeus Stevens———

DAS KOMITEE

[*In wildem Aufruhr.*]

NEIN! NEIN! NEIN! Bei weitem nicht! Zum Teufel mit Stevens!

[LINCOLN *lacht leise und* STEVENS *hebt wütend
seine Hand, um sie zum Schweigen zu bringen.*]

STEVENS

Nachdem Sie nun Ihren Witz verstanden haben – lassen Sie mich Sie daran erinnern, dass der radikale Flügel der Republikanischen Partei bereits General John C. Fremont gegen Sie aufgestellt hat – –

LINCOLN

[*An den Ausschuss.*]

Was sagen Sie, meine Herren –? Soll ich zugunsten des Lügners zurücktreten, der versucht hat, Ihnen Ihre Plattform und Ihren Kandidaten zu diktieren, bevor Ihr Parteitag zusammentrat? Fordern Sie mich auf, zugunsten von General Fremont zurückzutreten?

DAS KOMITEE

NEIN! NEIN! Nieder mit dem Bolter! Zum Teufel mit Fremont. NEIN! NEIN! NEIN! Verdammnis – nein –

[RAYMOND *besänftigt den Aufruhr.*]

STEVENS

Ich bitte Sie nicht, Fremont zu nominieren. Wir haben die Gruppe aufgeteilt und Fremont genannt, weil wir dich nicht haben wollten. Lassen Sie das Ticket fallen und wir werden Fremont abziehen und einen Mann einsetzen, der gewählt werden kann! Wie auch immer die Chancen von General Fremont derzeit stehen, die Wahl von McClellan auf einer demokratischen Copperhead-Plattform wird von Ihren eigenen Parteiräten eingeräumt. McClellan wählt gerade sein Kabinett –

LINCOLN

Sie sagen, es sei nicht klug, Hühner zu zählen, bevor sie geschlüpft sind – wir haben immer noch unsere Chance!

STEVENS

Sie haben keine Chance! Du wurdest *bereits* gewogen und für mangelhaft befunden! Was ist bei den Kongresswahlen passiert? Ihre Mehrheiten wurden ausgelöscht. Maine hat Sie von neunzehntausend auf vier reduziert! Die Demokraten eroberten Ohio. Indiana hat uns im Stich gelassen. Sogar in Pennsylvania haben wir viertausend verloren. New York hat Horatio

Seymour gegen uns gewählt. New Jersey hat dich abgewiesen. Wisconsin war ein Unentschieden. In Ihrem eigenen Bundesstaat Illinois haben die Demokraten mit siebzehntausend Vorsprung gewonnen –!

LINCOLN

Trotzdem, Stevens – die Stimmzettel *dieser* Wahl sind noch nicht ausgezählt! Mein Glaube an die ultimative Vernunft der Menschen ist unerschütterlich. Manche Leute kann man ständig täuschen. Manchmal kann man alle Leute täuschen. Aber man kann nicht immer alle Leute täuschen!

STEVENS

Deshalb bitten wir Sie, vom Ticket auszusteigen! Sie sind heute der unbeliebteste Mann, der jemals auf dem Präsidentenstuhl gesessen hat. Zum ersten Mal in unserer Geschichte wurde das Bildnis eines lebenden Präsidenten – Ihr Bildnis – öffentlich in den Straßen amerikanischer Städte verbrannt, inmitten der Flüche und Verhöhnungen der Männer, die Sie gewählt haben! Ihre Regierung ist gescheitert – Ihre Kriegsführung eine Reihe von Fehlern –

LINCOLN

[*Schroff.*]

Zum Beispiel--

STEVENS

[*Wütend.*]

Zum einen haben Sie noch nie einen erfolgreichen General gewählt. Der Süden hat seine Kommandeure nicht gewechselt, seit Jeff Davis Robert E. Lee ernannt hat. In dreißig Tagen des letzten Feldzugs in einer Reihe von Massakern hat Lee zweiundsechzigtausend unserer Männer getötet und verwundet – mehr als er selbst befohlen hatte – und Grant hat nur den Punkt erreicht, an dem McClellan im Jahr 1862 stand. Er hätte dorthin marschieren können durch McClellans alte Linie ohne den Verlust eines Mannes. In Washington wimmelt es von Verwundeten, Sterbenden und Toten. Ihre Post ist voll mit Briefen, in denen die Absetzung dieses Schlächters als unser Kommandant gefordert wird, und Sie weigern sich – warum?

LINCOLN

[*Ruhig lächelnd.*]

Nun, da du jetzt *richtig* Dampf abgelassen hast, denke ich, dass es dir besser gehen wird, Stevens———!

STEVENS

Ich verlange, Sir, eine Antwort auf meine Frage: Warum haben Sie Grant nicht entfernt?

LINCOLN

[*Schnell.*]

Weil ich ihn nicht entbehren kann! Er ist der einzige General, den wir entwickelt haben und der weiß, wie man kämpft – seine Aufgabe besteht nicht darin, einen bestimmten Punkt zu erreichen, an dem McClellan stand. McClellan *stand im Allgemeinen* irgendwo – er war ein großartiger Ingenieur – vom stationären Typ – Grant ist ein Kämpfer. Seine Aufgabe ist es, Lees Armee zu finden und zu zerstören – und seine Hammerschläge gewinnen diesen Krieg!

STEVENS

Gewinnt – oder? Und doch schickt Lee eine Division unter Jubal Early und erobert das Valley of Virginia zurück – dringt in Maryland und Pennsylvania ein, wirft seine Granaten nach Washington und brennt das Haus eines Ihrer Kabinettsmitglieder nieder –

LINCOLN

Und wenn der alte Jubal Early etwas *früher gewesen wäre* , hätte er auch Washington niedergebrannt – aber Gott sei Dank kam Grant rechtzeitig hierher, oder? Was hast du dazu zu sagen?

STEVENS

Dass Lees Strategie großartig war und sein moralischer Sieg vollkommen war! Er hält Grant an der Kehle, während er in den Norden eindringt, und *beschießt* unser Kapitol – eine Leistung, die seit vier Jahren noch keinem Ihrer Generäle für Richmond vollbracht hat – und Sie klammern sich immer noch an Grant –!

LINCOLN

[*Wütend.*]

Jetzt werde ich einfach Englisch mit dir reden, Stevens. Sie sind ein Abolitionist und können Grant nicht gerecht werden. Ihre Menge forderte seine Absetzung nach der Schlacht von Shiloh – und Sie machten es mir damals so heiß, dass ich General Halleck zu seinem Vorgesetzten ernennen musste, um ihn für das Land zu retten. Sie dürfen nicht vergessen, dass Grant ein Demokrat ist und daher bei dieser Wahl möglicherweise für McClellan gegen unsere Partei stimmen wird!

STEVENS

Ich habe gehört, dass er für McClellan *ist* .

LINCOLN

Genau! Und Sie können nicht vergessen, dass seine Frau eine Frau aus dem Süden ist, deren Mitgift in Sklaven bestand, und daher ist Grant in diesem Moment konstruktiv ein Sklavenhalter, dessen Sklaven ich nicht befreit habe —

STEVENS

Ich protestiere——

LINCOLN

Es nützt nichts – ich kenne den Prozess deines Geistes – ich kann sehen, wie sich die Räder im Inneren drehen! Sie sagen mir, dass der Stern von Grant vor Lees Armee in einem Blutbad untergegangen ist. Ich glaube es nicht. Ich weiß, dass kilometerlange Krankenhausbaracken Zeugen unserer Qual sind. Ich weiß, dass jede Stadt, jedes Dorf und jedes Dorf in Trauer ist. Aus diesen betroffenen Häusern ist ein Proteststurm gegen den neuen Armeeführer entstanden. Das Wort Metzger ist in aller Munde . Sie sagen mir, dass Grant lediglich ein Bulldoggenkämpfer ist – dass er nur gewinnen kann, solange Tausende in seine Reihen strömen, um den Platz der Toten einzunehmen – Sie sagen mir, dass er kein Genie, keine Strategie, keine Fähigkeiten hat. Meine Antwort darauf ist einfach, aber unbeantwortbar. Wir müssen kämpfen, um zu gewinnen. Grant ist der fähigste General, den wir je entwickelt haben. Seine Verluste sind entsetzlich – aber der Kampf geht nun bis zum bitteren Ende! Unsere Ressourcen sind unerschöpflich. Der Süden kann *seine* gefallenen Soldaten nicht ersetzen – und deshalb sind *seine* Verluste fatal! Wenn wir weiter kämpfen, können fünf Millionen nicht zwanzig Millionen besiegen – das Ende ist sicher – und wir befinden uns jetzt im letzten Todeskampf vor – SIEG!

STEVENS

Es ist Zeitverschwendung zu reden——!

LINCOLN

Das habe ich von Anfang an gedacht, aber ich habe versucht, höflich zu sein —

STEVENS

[*Ich versuche zu gehen.*]

Guten Tag Herr--!

LINCOLN

[*Herzlich.*]

Guten Tag, Stevens——

[*Pausiert.*]

Wissen Sie, dieses Treffen erinnert mich an das, was einst in Illinois passierte
—

STEVENS

[*Wirft wütend die Hände hoch.*]

Ich werde es nicht hören, Sir! Sie und Ihre Geschichten schicken dieses Land
in die Hölle – es ist jetzt nicht mehr als eine Meile von dort entfernt!

LINCOLN

Ich glaube, von hier bis zum Kapitol, wo Sie sitzen, *ist es nur eine Meile!*

STEVENS

[*Werde wütend.*]

Verdammnis!

[STEVENS *murmelt wütend.*]

RAYMOND

Werden Sie unsere Bitte prüfen, Herr Präsident?

LINCOLN

Raymond, das ist die brutalste Beleidigung, die jemals einem Mann in meiner
Position in der Geschichte dieses Landes widerfahren wurde. Ich werde auf
die Beleidigung verzichten und ernsthaft über Ihre Bitte nachdenken. Ob ich
die Union retten kann – das ist die einzige Frage – das ist die einzige Frage!

RAYMOND

Geben Sie uns heute Ihre Antwort?

LINCOLN

[*Fest.*]

Nein. Ich muss Zeit zum Nachdenken haben. Während ich Ihnen zugehört
habe, wächst in mir die Überzeugung, dass das Leben der Union jetzt mit
meinem Leben verbunden sein *könnte* , und ich werde nicht aufgeben —
kampflos .

RAYMOND

[*Schroff.*]

ohne Ihre Antwort verlassen , Herr Präsident.

LINCOLN

Sie erhalten es zu gegebener Zeit.

RAYMOND

Die Zeit ist knapp——

LINCOLN

Es könnte noch lange genug dauern, um die Nation zu retten –

RAYMOND

[*Fest.*]

Das Komitee *muss* vor unserer Abreise konkrete Maßnahmen ergreifen – wir geben Ihnen zehn Tage Zeit, um zu entscheiden –

LINCOLN

Ich verstehe. Guten Tag die Herren!

ALLE

[*Verbeugung.*]

Guten Tag, Herr Präsident.

> [LINCOLN *steht aufrecht, während* NICOLAY *schweigend zuschaut, wie sie gehen. Als der letzte Mann weg ist, wendet er sich an* NICOLAY .]

LINCOLN

Es ist berüchtigt, John! Berüchtigt!

> [MRS. LINCOLN *kommt eilig herein.*]

Erzähl ihr nicht die bösen Dinge, die der alte Thad zu mir gesagt hat. Es wird ihr wehtun.

NICOLAY

Natürlich nicht.

FRAU LINCOLN

[*Angespannt.*]

Was ist los, Vater – was haben sie gesagt?

> [*Er hält inne und sie drückt ihn zitternd.*]

Was haben sie gesagt? Was haben sie gesagt?

LINCOLN

[*Mit verträumtem Blick.*]

Sie sagten mir im Klartext, dass ich der unbeliebteste Mann in den Vereinigten Staaten sei – dass meine Kriegsführung eine Reihe von Fehlern sei, meine Regierung ein Misserfolg!

FRAU LINCOLN

[*Erleichtert.*]

Oh! – *das* ist alles!

LINCOLN

Was mehr--?

FRAU LINCOLN

Ich dachte, sie hätten dir etwas Wichtiges zu sagen –

LINCOLN

[*Lacht.*]

Oh!--

FRAU LINCOLN

Das hat keine Bedeutung, denn es ist eine Lüge –

LINCOLN

Aber wenn sie es glauben, und Millionen von Menschen glauben es –

FRAU LINCOLN

Nun, das werden sie nicht. Ich muss dich um etwas Wichtiges bitten – Betty Winter ist in meinem Zimmer und möchte ihren Geliebten hierherbringen, um dich heute Abend für eine Stunde allein zu sehen – –

LINCOLN

Ich werde Miss Betty Winter jederzeit sehen – sie ist meine gute Freundin – und bis neun Uhr da sein.

FRAU LINCOLN

[*Gehen.*]

Um neun – jetzt nicht vergessen!

LINCOLN

Ich werde nicht--

[MRS. LINCOLN *geht.*]

John, ist General McClellan zu Hause?

NICOLAY

Ich habe ihn heute gesehen, Sir.

LINCOLN

Gehen Sie sofort zu ihm nach Hause und sagen Sie ihm, dass ich ihn heute Abend um acht Uhr hier sehen möchte. Sagen Sie, es sei eine Angelegenheit von größter Bedeutung – sowohl für ihn als auch für das Land –, er kann es nicht ablehnen.

NICOLAY

Jawohl.

LINCOLN

Sagen Sie General McClellan, dass ich zu ihm kommen würde, wenn es nicht die Aufmerksamkeit erregen würde, die ich vermeiden möchte. Es wird für beide das Beste sein, dass dieses Treffen nicht bekannt wird. Bitten Sie ihn, in einem geschlossenen Wagen zu kommen. Versichere ihm, dass du ihn an der Tür treffen wirst und er niemanden außer mir sehen wird –

NICOLAY

Können Sie mich nicht ins Vertrauen ziehen, Chef?

LINCOLN

[*Pausiert.*]

Teilweise – ich werde McClellan auf die höchste Probe stellen, John. Wenn er mir in der Copperhead-Frage eine Zusage macht, die ich von ihm verlangen werde, werde ich für dieses Komitee einen Kandidaten benennen, nach dem sie nicht suchen – ich werde ihnen die Überraschung ihres Lebens bereiten – also steh mir bei, Gott!

NICOLAY

Ich glaube nicht, dass der General dieses Versprechen geben wird, Sir.

LINCOLN

[*Schaut nach oben und verschränkt die Arme.*]

Ich frage mich! – Ich frage mich, ob er es tun wird!

[NICOLAY *geht.*]

Ich frage mich, ob er …

VORHANG

AKT II

BÜHNENBILD : *Das Gleiche wie Akt I, um Viertel vor acht am selben Abend .*

BEIM AUFSTEHEN : EDWARD , *der alte Türsteher, richtet die Möbel im Raum auf. Unbeholfen räumt er einen Stapel Briefe vom Boden und legt sie zusammen mit der ungeöffneten Tüte in die Ecke. Er zieht die schweren Vorhänge der Fenster zu und richtet sie so aus, dass kein Lichtstrahl nach draußen dringen kann. MRS. LINCOLN kommt herein und sieht zu, wie er die Vorhänge repariert.*

FRAU LINCOLN

[*Plötzlich sprechen.*]

Edward———!

EDUARD

[*Hüpft vor Schreck.*]

Ja Madame!

FRAU LINCOLN

Was zum Teufel machst du hier drin?

EDUARD

[*Aus Angst vor* MRS. LINCOLN .]

Ich ziehe nur die Vorhänge zu, Madam.

FRAU LINCOLN

[*Streng.*]

Diese Vorhänge wurden seit einem Jahr nicht zugezogen———

EDUARD

[*Stotternd.*]

Ich glaube nicht, dass sie beides haben —

FRAU LINCOLN

Sie wissen, dass das nicht der Fall ist!

EDUARD

[*Schluckender Wind.*]

Ja m --

FRAU LINCOLN

Wer hat dir gesagt, dass du sie zeichnen sollst?

EDUARD

Oberst Nicolay!

FRAU LINCOLN

Wo ist er?

EDUARD

Unten, an der Tür.

FRAU LINCOLN

An deinem Ort?

EDUARD

Ja m --

FRAU LINCOLN

Während du hier oben als Hausmädchen arbeitest?

EDUARD

[*Beschämt.*]

Nun, so scheint es, meine Dame –

FRAU LINCOLN

[*Streng.*]

Was bedeutet das?

EDUARD

Ich weiß es nicht, meine Dame –

FRAU LINCOLN

[*Sarkastisch.*]

Und Sie haben nicht die geringste Ahnung – nehme ich an?

EDUARD

Nicht das geringste. Meine Erfahrung als Türsteher des Weißen Hauses hat mich gelehrt, dass meine erste Pflicht darin besteht, den Befehlen meines Chefs zu gehorchen –

FRAU LINCOLN

Mr. Lincoln hat Sie gebeten, heute Nacht hier im Dienst zu bleiben?

EDUARD

[*Verbeugt sich.*]

Als besonderen persönlichen Gefallen bat er mich, bis acht Uhr im Dienst zu bleiben und alle anderen Bediensteten des Weißen Hauses zu entlassen –

FRAU LINCOLN

Der *Wachmann* wurde entlassen!

EDUARD

Ja, meine Dame, beide – innen und außen.

FRAU LINCOLN

Bitten Sie Colonel Nicolay, hierher zu kommen –

EDUARD

[*Zögert.*]

Ja m --

FRAU LINCOLN

[*Scharf.*]

Schnell!

EDUARD

[*Springt.*]

Sofort, meine Dame!

[MRS. LINCOLN *untersucht schnell den Schreibtisch des Präsidenten und sucht nach einem Memorandum über seine Ernennungen – sie findet einen Block und liest.*]

FRAU LINCOLN

Um acht Uhr -- --

Um neun Uhr – Miss Betty Winter –

[NICOLAY *kommt eilig herein.*]

NICOLAY

Was ist los, meine Dame?

FRAU LINCOLN

Wer um acht Uhr diesen mysteriösen Termin mit dem Präsidenten hat – der Name ist leer.

NICOLAY

irgendjemandem darüber zu diskutieren .

FRAU LINCOLN

[*Wütend.*]

In der Tat!

NICOLAY

Es tut mir leid.

FRAU LINCOLN

Wissen Sie, wer kommt?

NICOLAY

Ja--

FRAU LINCOLN

Kennen Sie das Diskussionsthema bei diesem Treffen?

NICOLAY

Ich wünschte bei Gott, ich hätte …

[LINCOLN *kommt herein und wirft seiner Frau einen überraschten Blick zu.*]

LINCOLN

Gehst du zurück zur Tür, John –

NICOLAY

Sofort – Herr –

LINCOLN

Und sagen Sie Edward, dass ich ihm sehr dankbar bin, dass er geblieben ist, aber er kann jetzt gehen –

NICOLAY

Jawohl--

LINCOLN

Sorgen Sie dafür, dass er geht, bevor unser Besucher eintrifft. Ich habe ihn gebeten, zu dieser Ernennung nichts zu sagen.

NICOLAY

Sie können ihm bedingungslos vertrauen, Sir –

[NICOLAY *geht.*]

FRAU LINCOLN

Aber Sie können Ihrer Frau heute Abend anscheinend nicht vertrauen –

LINCOLN

[*Wunderlich.*]

Nun, du weißt, dass du eine Frau bist, Mutter –

FRAU LINCOLN

[*Wütend.*]

Gott sei Dank--

LINCOLN

Amen! Also sage ich!

FRAU LINCOLN

Du hast *Angst,* mir zu sagen, wer dieser Mann ist?

LINCOLN

Vielleicht erzähle ich es dir morgen –

FRAU LINCOLN

Wenn – du – einen fatalen Fehler gemacht hast –

LINCOLN

Diesmal werde ich keinen Fehler machen——

FRAU LINCOLN

Warum hast du dann Angst vor der Intuition meiner Frau?

LINCOLN

[*Lächelnd.*]

Ich habe keine Angst vor deiner *Intuition* , Mutter——

FRAU LINCOLN

Danke schön.

LINCOLN

Ich habe es nicht gesagt !——

[*Lacht.*]

– Aber du weißt, dass du manchmal zu viel *redest* !

FRAU LINCOLN

[*Wütend.*]

Und ich werde dir jetzt etwas sagen. Ich dachte heute Morgen, dass Sie diese Schurken mit der Verachtung behandeln würden, die sie verdienen, wenn sie es wagen, von Ihnen zu verlangen, dass Sie sich und die Sache der Union den Ambitionen eines Verräters hinter ihnen opfern.

LINCOLN

NEIN! NEIN! Sie sind ehrlich in dem, was sie sagen——

FRAU LINCOLN

[*Wütend.*]

Du bist zu gut und zu einfach für diese Welt! Wussten Sie nicht, dass hinter all dem ein Intrigant steckt?

LINCOLN

Vielleicht... Es ist kein Verbrechen, Mutter, wenn ein Mann ein hohes Amt anstrebt, wenn die Biene in seiner Haube steckt. Du weißt, ich habe schon oft gespürt, wie es mich kitzelte——

FRAU LINCOLN

Sagen Sie – sagen Sie nicht – nicht so dumme Dinge. Du brauchst einen Vormund. Sie hatten drei Männer in Ihrem Kabinett, die ihre Position nutzten, um zu versuchen, über Ihren Kopf hinweg in die Präsidentschaft aufzusteigen. Und du hast sie nicht rausgeschmissen.

LINCOLN

Das Land brauchte sie.

FRAU LINCOLN

[*Mit ernster Würde.*]

Das Land braucht Sie – Sie sind der Mann und der einzige Mann, der den einfachen gesunden Menschenverstand hat, zuerst diese Union zu retten und anschließend alle anderen Fragen zu klären – –

LINCOLN

Das kann auch so sein –

FRAU LINCOLN

Sagen Sie mir eines: Ist der Mann, der diese Stelle um acht hat, der Verräter, den Raymonds Komitee in Ihre Schranken weisen will?

LINCOLN

NEIN! Doch wenn es *irgendwo* einen besseren Mann gibt, der dem Land einen größeren Dienst erweisen kann als ich, dann *sollte er* an meiner Stelle sein –

FRAU LINCOLN

Aber sehen Sie nicht, dass es nicht wirklich der Mann ist, der den größeren Dienst leisten kann, der in einem solch heimtückischen Kampf gewinnen wird? Es sind die Lügner und Heuchler, die gewinnen können.

LINCOLN

Ich habe in einer solchen Stunde kein Recht, an meine eigenen Ambitionen zu denken. Mein persönlicher Wunsch nach einer zweiten Amtszeit ist das Größte in meinem Leben, weiß Gott –

> [*Er hält inne, als seine Stimme bricht – er kämpft einen Moment und hebt seine Hand, als wollte er mit einem entschlossenen Lächeln eine Besessenheit abschütteln.*]

Und doch ist mein persönlicher Wunsch eine Kleinigkeit! Meine heutige Pflicht ist die *größte* Sache der Welt!

FRAU LINCOLN

Sie werden meinen Rat nicht befolgen und diese Männer mit ihren Geschäften beauftragen?

LINCOLN

Mary, ich muss diese Sache alleine ausfechten, mit mir selbst und Gott –

FRAU LINCOLN

Manchmal denke ich, Vater, dass du der sturste Mann bist, den der Herr je gemacht hat!

LINCOLN

Ich muss sein – um diesen Job zu machen –

[MRS. LINCOLN geht.]

[LINCOLN geht mit auf dem Rücken verschränkten
Armen in angespannten Gedanken auf und ab.]

[NICOLAY kommt herein.]

NICOLAY

Die Kutsche nähert sich, Sir.

LINCOLN

Die Küste ist klar?

NICOLAY

Ja. Edward ist gegangen———

[Er macht eine Pause.]

Ihnen ist natürlich klar, Chef, wie wichtig ein kühler Kopf im Umgang mit McClellan ist …

LINCOLN

Ich werde nicht die Beherrschung verlieren, John.

NICOLAY

McClellan könnte sein——— verlieren

LINCOLN

Ich werde aufpassen———

[Blick über seinen Schreibtisch.]

Dieser Bericht von Baker über die Copperhead Societies –

NICOLAY

[Zeigt.]

Unter diesem Briefbeschwerer, Sir –

LINCOLN

Oh ja, ich verstehe———

[Nimmt den Bericht, wirft einen Blick darauf und legt
ihn zurück auf seinen Schreibtisch.]

Ich bin bereit — bringen Sie ihn herein. Sorgen Sie dafür, dass wir nicht unterbrochen werden, und wenn er geht, werde ich Sie heute Abend nicht mehr brauchen. Ich werde die jungen Leute um neun Uhr selbst hereinlassen.

NICOLAY

Jawohl.

> [NICOLAY *geht und* LINCOLN *kehrt zu seinem Schreibtisch zurück und schreibt.*]

> [NICOLAY *kommt mit* GENERAL MCCLELLAN HEREIN. *Der General ist 38 Jahre alt und trägt eine makellos geschnittene Uniform, in der Gold glitzert. Obwohl seine Figur klein und gedrungen ist, was im auffälligen Gegensatz zum Präsidenten steht, ist er ein Mann von beeindruckender Erscheinung und erweckt den Eindruck eines geborenen Anführers von Männern. Er tritt mit rascher militärischer Präzision ein und grüßt mit einstudierter Förmlichkeit den Präsidenten als seinen Vorgesetzten. Der Präsident erwidert seinen Gruß, als* NICOLAY *geht.*]

LINCOLN

Ich schlage vor, General McClellan, dass wir für einen Moment vergessen, dass ich der Oberbefehlshaber der Armee und der Marine bin — und dass wir ein kleines, herzliches Gespräch auf völlig informelle Weise führen —

MCCLELLAN

> [*Versteifung.*]

Darf ich, Herr Präsident, sofort fragen, wem ich diese außerordentliche Vorladung verdanke?

LINCOLN

> [*Herzlich.*]

Werden Sie Platz nehmen, General —?

MCCLELLAN

Danke, ich stehe lieber.

> [*Wütend.*]

Welches Recht haben Sie, nach mir zu schicken oder irgendetwas zu verlangen, nach der schändlichen Ungerechtigkeit, mit der Sie mich als kommandierenden General behandelt haben?

LINCOLN

[*Unterbricht.*]

Einen Moment – ich habe Sie nicht ungerecht behandelt – ich habe Sie mit mehr als nur Gerechtigkeit behandelt. Ich habe Sie mit dem großzügigen Glauben und der Liebe eines Vaters für einen eigensinnigen Jungen behandelt –

MCCLELLAN

Wirklich!

LINCOLN

Ich habe. Als ich Sie zum Oberbefehlshaber unserer Armee ernannte, waren Sie erst vierunddreißig Jahre alt. Ich habe es gegen den erbittertsten Widerstand meiner Parteiführer getan. Sie sagten mir, Sie seien ein Pro-Sklaverei-Demokrat – ein politischer Einmischer, und dass Sie in allen Fragen vor dem Volk gegen mich waren. Ich weigerte mich, zuzuhören. Ich habe nur eine Frage gestellt: Ist McClellan der Mann, der die neue Armee in eine mächtige Kampfmaschine verwandelt und sie gegen die Konföderation schleudert? Ich sagte zu ihnen: „Es ist mir egal, welche Religion er hat oder welche Politik er verfolgt. Die Frage ist nicht, ob ich die Union retten werde – sondern dass die Union gerettet werden soll. Meine Zukunft und die Zukunft meiner Partei." auf sich selbst aufpassen können" – und ich habe dich ernannt.

MCCLELLAN

Und zwang mich, gegen Richmond zu marschieren, bevor ich dazu bereit war!

LINCOLN

Ich habe dir befohlen, umzuziehen, weil es notwendig war, eine große Tragödie zu verhindern. Ihre 180.000 Mann starke Armee hatte Winterquartiere rund um ein glitzerndes Lager bezogen, über das ein junger Napoleon den Vorsitz führte. Die Narren um Sie herum rieten Ihnen täglich, das Ende der Republik auszurufen und sich als Diktator zu etablieren. Sie leugnen das nicht –?

MCCLELLAN

Nein. Die Tatsache ist bekannt. Außerdem war Stanton, Ihr Kriegsminister, damals mein Anwalt, und er wusste –

LINCOLN

Genau. Ich packte den Stier bei den Hörnern und befahl Ihrer großen Armee, gegen Richmond vorzugehen. Als Sie scheiterten und sich zurückzogen, weigerte ich mich, Sie gegen den heftigen Protest meines Kabinetts zu entlassen. Ich überließ Ihnen das Kommando über die Hälfte unserer Männer und ernannte General Pope zum Anführer der anderen Hälfte.

MCCLELLAN

[*Höhnend.*]

Und er führte sie in der zweiten Schlacht von Manassas in eine überwältigende Katastrophe –

LINCOLN

[*Schnell.*]

Für welche Katastrophe müssen Sie die Schuld tragen. Ihnen wurde befohlen, sich Pope anzuschließen. Du hast dich nicht bewegt. Pope wurde durch eine vorsätzliche Absicht gebrochen, die beinahe an Verrat grenzte, Sir. Aber anstatt der Forderung nach einem Prozess vor einem Kriegsgericht zuzustimmen, habe ich die unpopulärste Tat meines Lebens begangen. Ich habe Sie erneut zum Oberbefehlshaber der gesamten Armee ernannt – habe mich der öffentlichen Meinung widersetzt und in meinen Parteiräten einen Sturm der Beschimpfungen erlebt.

MCCLELLAN

Und als ich diese hervorragende, neu organisierte Armee zu unserem ersten Sieg bei Antietam führte, haben Sie mich von meinem Kommando entfernt, bevor ich meinen Feldzug gewinnen konnte.

LINCOLN

Ich habe dich von deinem Kommando entfernt, weil du, nachdem du Lees Armee in Stücke gerissen hattest, er nur noch 23.000 Mann übrig hatte und du 75.000 Mann hattest – drei zu eins –, dich auf deine Waffen legtest und Lee erlaubtest, ohne Waffen über den Fluss zu fliehen Schlag – während Jeb. Stuart und seine Kavallerie beleidigten Sie erneut, indem sie Ihre Armee umrundeten. Können wir es nicht der Nachwelt überlassen, die Begründetheit unserer Kontroverse über die Führung von Armeen zu entscheiden? Können Sie mir heute nicht glauben, wenn ich Ihnen mit Gott als meinem Zeugen sage, dass ich bei einer einzigen Ernennung oder Abberufung, die ich vorgenommen habe, niemals ein persönliches Motiv berücksichtigt habe?

MCCLELLAN

Ich kann es nicht glauben--

LINCOLN

Trotz der Tatsache, dass Sie, als ich Sie nach der Katastrophe von Pope wieder zum Oberbefehlshaber der Armee ernannte, *dachten* , mein Bote sei ein Offizier mit einem Haftbefehl gegen Sie! Du sagst immer noch nein –?

MCCLELLAN

Ich sage immer noch Nein – Sie *mussten* es tun – und Sie wissen, dass Sie mich erneut ernennen *mussten* .

LINCOLN

Nun, ich werde nicht so tun, als hätte ich den Ernst dieser Stunde nicht verstanden. Die Armee *stand* hinter dir, für einen Mann! Ich habe die Offiziere angehört, ich habe die Männer angehört. Sie waren gegen mich und auf deiner Seite. Wenn die Führer es gewagt hätten, bei einer Revolution ihren Hals zu riskieren, hätten sie vielleicht gewonnen und eine Diktatur errichtet!

MCCLELLAN

Einfach so!

LINCOLN

Diese Macht über die Menschen, die Sie besitzen, General McClellan, ist etwas Wunderbares. Es ist eine gefährliche Kraft. Es kann verwendet werden, um eine Nation zu gründen oder zu zerstören. Weil Sie diese Macht über Ihre Männer hatten, war ich ehrlich davon überzeugt, dass Sie der fähigste General überhaupt waren, und rief Sie zurück auf Ihre hohe Position.

MCCLELLAN

[*Mit einem Lächeln.*]

Sehr nett!

LINCOLN

Bei Antietam musste man gewinnen oder verlieren. Wenn Sie gewonnen hätten , wäre ich gerechtfertigt und Ihr Erfolg wäre meiner gewesen! Aber als Lees Armee entkam, verloren Sie die Macht über die Vorstellungskraft Ihrer Männer, die Gefahr einer Diktatur war vorüber – die Vormachtstellung der Zivilregierung wurde wiederhergestellt, und ich enthob Sie Ihres Kommandos –

MCCLELLAN

[*Wütend.*]

Ich wiederhole, dass Ihre Tat eine üble Ungerechtigkeit war!

LINCOLN

[*Herzlich.*]

Also gut. Ich habe dir meine Seite gegeben. Selbstverständlich habe ich Sie ungerecht behandelt, aber ich werde Sie auf eine harte Probe stellen. Unter einer bestimmten Bedingung werde ich dem Mann, dem ich Unrecht getan habe, etwas Erstaunliches vorschlagen –

MCCLELLAN

Daher die Geheimhaltung, mit der ich gerufen werde!

LINCOLN

Ja. Ich habe gerade auf dieses Blatt Papier geschrieben:

[*Nimmt das Blatt auf.*]

und adressiert an Henry Raymond, den Vorsitzenden unseres Nationalkomitees, meinen Rücktritt als Präsidentschaftskandidat für eine zweite Amtszeit – und ich werde ihn ihm heute Abend überreichen, wenn Sie bereit sind, meinen Platz einzunehmen und die Union zu retten ?

MCCLELLAN

[*Überwältigt von Aufregung.*]

Was-kann-du-gemeinen--?

LINCOLN

Genau das, was ich gesagt habe.

MCCLELLAN

[*Geht zitternd auf dem Boden auf und ab.*]

Und Ihre Bedingungen———?

LINCOLN

Sehr einfach. Vereinbaren Sie, morgen Abend den Vorsitz bei einer großen Massenversammlung der Demokratischen Union in New York zu übernehmen, und stellen Sie sich mutig an die Spitze des Flügels Ihrer Partei, der für die Erhaltung der Union einsteht –

MCCLELLAN

Und du--?

LINCOLN

Ich werde mich aus dem Rennen zurückziehen, Ihre Unterstützung sichern oder meine Partei daran hindern, einen Nachfolger zu benennen, den Wahlsieg für Sie übernehmen und Ihre Wahl garantieren.

MCCLELLAN

[*Beobachtet* LINCOLN *einen Moment misstrauisch.*]

Du meinst es ernst –?

LINCOLN

Ich war nie mehr so.

MCCLELLAN

Und es gibt keine Bedingungen für dieses Angebot?

LINCOLN

Auf mein Ehrenwort –

[*Verträumt.*]

Es versteht sich von selbst, dass ich dieses Amt mit großen Ambitionen angetreten bin, meinem Land zu dienen. Mein Traum vom Ruhm könnte zu Ende sein und mir bleiben nur die Qual und die Tränen –

[*Er macht eine Pause, atmet tief durch und kämpft mit seinen Gefühlen, erholt sich und geht wehmütig weiter.*]

Ich wollte eine Chance haben, für ein weiteres Semester hier zu bleiben, um die Sonne wieder scheinen zu sehen, die Wunden meines Landes zu heilen und allen Menschen im Norden, Süden, Osten und Westen zu zeigen, dass ich sie liebe. Aber ich kann die Chancen dieser Wahl nicht riskieren – wenn Sie und ich zu einer vollkommenen Einigung kommen und Sie zustimmen, meinen Platz bei dem feierlichen Versprechen einzunehmen, die Union ohne Spaltung zu retten. Ich habe mich dazu entschlossen, weil ich hier auf meinem Schreibtisch einen Bericht unseres Geheimdienstes habe –

[*Hält inne und nimmt den Bericht auf.*]

zeigen, dass die Copperhead Societies Ihrer Partei angehören und in jedem Staat des Nordens gründlich organisiert sind – dass sie einen sofortigen Frieden fordern und eine Spaltung der Union akzeptieren werden – –

MCCLELLAN

[*Unterbricht.*]

Was hat das mit mir zu tun, darf ich fragen –?

LINCOLN

[*Gleichmäßig.*]

Aus diesem Bericht geht hervor, dass sie vorschlagen, den Krieg noch in der Wahlnacht durch einen revolutionären Aufstand zu beenden, der zur Anerkennung der Konföderation führen würde. Ich werde jetzt aufgefordert, ihre Anführer zu verhaften.

[*Er hält inne und beobachtet* MCCLELLAN *genau.*]

Ich werde mit Nein antworten. Lass schlafende Hunde liegen. Eine Revolution nach der anderen. Wenn der Unionskandidat die Wahl gewinnt, wird er den Aufstieg nicht wagen. Wenn er verliert, ist sowieso alles vorbei — und es macht keinen Unterschied, was sie tun.

MCCLELLAN

Eine vernünftige Entscheidung———

LINCOLN

Ich freue mich, dass Sie damit einverstanden sind. Nun trifft sich der Demokratenkonvent nächste Woche in Chicago — Sie haben keine Opposition. Ihre Nominierung erfolgt einstimmig. Die Frage ist: Was werden sie in der Kriegsfrage tun? Die Führer der Copperhead Societies stehen jetzt in Kontakt mit der Rebellenregierung in Richmond —

MCCLELLAN

Das ist eine große Aussage, Sir — sogar über Copperhead Societies —

LINCOLN

Ich habe die *Beweise* in diesem Dokument———

[*Berührt* BAKERS *Bericht.*]

Ich befürchte, dass sie die vollständige Kontrolle über Ihren Kongress erlangen könnten.

MCCLELLAN

[*Wütend.*]

In der Tat--?

LINCOLN

Ich habe das hässliche Gerücht gehört, dass sie auf dich zählen —

MCCLELLAN

[*Vorwärts.*]

Stoppen--!

LINCOLN

[Geht MCCLELLAN *entgegen und hält seinem Blick
fest.*]

Also--?

MCCLELLAN

Kein Mann kann das Wort „Verrat" mit meinem Namen verbinden, Sir –!

LINCOLN

Habe ich das getan?

MCCLELLAN

Du unterstellst es!

LINCOLN

Bin ich?

MCCLELLAN

Ich fordere einen Widerruf!

LINCOLN

[*Lächelnd.*]

Dann entschuldige ich mich für meine nachlässige Ausdrucksweise. Ich freue
mich, dass Sie das hässliche Thema auf diese Weise angehen! Ich habe Sie
nie für einen Verräter der Union gehalten. Deshalb habe ich heute Abend
nach Ihnen geschickt. Würden Sie diese Männer auf einer
Massenversammlung der Union öffentlich anprangern und mir erlauben,
zurückzutreten und den Baumstumpf für Sie zu übernehmen –?

MCCLELLAN

[*Zögert.*]

Ich bin mir sicher, dass diese Wahl ohne Ihre Hilfe stattfinden wird, Sir!

LINCOLN

Du kannst nicht sein——

MCCLELLAN

Gestern fand im Carver Hospital eine Strohabstimmung statt. Die
verwundeten Soldaten gaben mir drei Stimmen gegenüber Ihrer. Strohhalme
zeigen an, aus welcher Richtung der Wind weht. Ich weiß, dass Ihre Partei

gespalten ist – dass John C. Fremont Ihre Organisation gespalten hat und
täglich an Boden gewinnt – dass *Sie* nicht gewählt werden können , wenn *er
nicht in den Ruhestand geht!* Ihre Partei ist in hoffnungsloser Panik – und meine
Wahl ist anerkannt. Dennoch bitten Sie mich, die Politik meiner Regierung
diktieren zu dürfen!

LINCOLN

[*Gleichmäßig und drängend.*]

Werden Sie diese Verschwörer in Ihrer Partei anprangern?

McClellan

NEIN--! Wenn ich Ihren Rat zu einer öffentlichen Äußerung benötige, gebe
ich Ihnen Bescheid.

LINCOLN

Werden Sie dieses Gewerkschaftstreffen leiten?

McClellan

[*Fest.*]

Niemals! Ich werde mein Bestes tun, um mein Land zu retten, aber auf meine
eigene Art und Weise ohne Ihren Vorschlag oder Ihre Hilfe –

LINCOLN

[*Aus fester Überzeugung.*]

Dann, Herr, *sind Sie* mit Ihren Zusagen einer möglichen Spaltung dieser
Union verpflichtet! Ich hatte es vermutet – aber ich hatte auf das Beste
gehofft – gute Nacht!

> [*Der General verneigt sich steif und lässt den
> Präsidenten in traurigem Schweigen stehen, seine tiefen
> Augen starren ins Leere und sehen nichts, als*
> NICOLAY *hereinkommt.*]

> [*Innehalten und aufschauen.*]

Ich dachte, du wärst gegangen –?

NICOLAY

Ich hoffe, ich kann noch etwas für Sie tun, Sir –?

LINCOLN

Ja da ist--

NICOLAY

Was?

LINCOLN

Bezeugen Sie mit mir diese schwärzeste Stunde meines Lebens – ich habe die Tiefen der Verzweiflung berührt – –

[Springt auf.]

Aber ich kann nicht aufgeben – es steht zu viel auf dem Spiel!

NICOLAY

Korruption, Intrigen und Bosheit tun ihr Werk, Chef – aber Sie sind nicht zu besiegen! Es sei denn, *Sie sollten* aufgeben!

LINCOLN

Also! Ich werde nicht aufgeben!

NICOLAY

McClellan lehnte das von Ihnen verlangte Versprechen ab?

LINCOLN

Ja. Er ist mit Händen und Füßen an die Copperhead-Führer gebunden, die seinen Kongress kontrollieren werden –

NICOLAY

Ich dachte auch--

LINCOLN

John, wenn ich einen Mann aus den inneren Räten der Copperhead-Orden gewinnen könnte – einen Mann, der sein Land wirklich liebt – –

NICOLAY

Kann ein Copperhead sein Land lieben –?

LINCOLN

Warum nicht--? Eine Klapperschlange könnte ihre eigene Zaunecke lieben! Es gibt viele ehrliche, fehlgeleitete Männer unter ihnen. Ich habe heute Nachmittag Bakers Bericht studiert – Wenn ich nur *einen Copperhead* erreichen könnte, der die Zeichen und Passwörter seines inneren Rates kennt, hätte ich EINEN PLAN ausgearbeitet, der diesen Kampf gewinnen kann!

NICOLAY

[Plötzlich.]

Vielleicht ist genau dieser Mann gerade auf dem Weg hierher!

LINCOLN

[*Eifrig.*]

Was ist das--?

NICOLAY

[*Nachdenken.*]

Miss Winter wird mit ihrem Geliebten – einem jungen Hauptmann von Grants Armee – hier erwartet.

[*Pausiert.*]

LINCOLN

Also--?

NICOLAY

[*Langsam.*]

Angesichts der Versuche, Ihnen das Leben zu nehmen – ich habe heute einige Nachforschungen über ihn angestellt – wusste ich, dass das Weiße Haus heute Nacht ohne Wachen sein würde –

[*Pausiert.*]

LINCOLN

Ja – ja – weiter –! Was ist mit ihm?

NICOLAY

Er war einmal in McClellans Stab –

LINCOLN

Das ist vielversprechend——!

NICOLAY

Er ist ein McClellan-Mann – dann –

LINCOLN

Ohne Zweifel——

NICOLAY

Im Krankenhaus hat er in den letzten zwei Monaten viel bitteres Gerede gehört –

LINCOLN

[*Schnell.*]

Und ist vielleicht den Knights of the Golden Circle beigetreten———!

NICOLAY

Es ist fast eine Gewissheit———

LINCOLN

Natürlich. Ihre höllischen Agenten suchen täglich unsere Krankenhäuser heim und schütten ihr Gift in jede offene Wunde –

NICOLAY

Beweisen Sie diesem Jungen heute Abend, dass diese Männer Lügner sind –

LINCOLN

Wenn er zuhört –

NICOLAY

Er muss zuhören! Er kommt, um dich um einen großen Gefallen zu bitten –

LINCOLN

I frage mich, was?

NICOLAY

Ich konnte es nicht herausfinden. Aber Sie können die Gelegenheit nutzen, um sein Vertrauen zu gewinnen. Er ist mit einem Mädchen verlobt, das Mrs. Lincolns enge Freundin ist – ein Mädchen, das Sie bewundert und Ihnen vertraut. Du kannst *ihn gewinnen* , Chef, wenn du es nur versuchst!

LINCOLN

[*Mit aufgeregter Betonung.*]

Machen Sie sich keine Sorgen – ich werde es versuchen –!

[*Pausiert.*]

– Du wartest und führst sie herein. Ich werde Mutter von meinem Gespräch mit McClellan berichten. Sie wird sich darüber unwohl fühlen. Ich bin in einer Minute zurück--

NICOLAY

Alles klar Sir.

[LINCOLN *geht.*]

[Mit tiefem Mitgefühl sieht NICOLAY *ihm nach
und schüttelt den Kopf, als* BETTY *und* VAUGHAN
eintreten.]

NICOLAY

Oh, Fräulein Winter——

BETTY

Kapitän Vaughan, – Oberst Nicolay –

NICOLAY

[VAUGHAN *studieren* .]

Freut mich, Sie kennenzulernen, Captain – der Präsident wird gleich zurück
sein. Er ist gerade eingetreten, um mit Mrs. Lincoln zu sprechen. Er erwartet
Sie – fühlen Sie sich wie zu Hause –

BETTY

Vielen Dank, Colonel——

[NICOLAY *geht.*]

Was ist das Problem Liebling--?

VAUGHAN

Nichts – nichts –

BETTY

Aber dein Arm zittert – ich wusste nicht, dass du so schwach bist – ich
vergesse ständig, dass du gerade aus dem Krankenhaus kommst –

VAUGHAN

Oh – mir geht es gut –

BETTY

Ich habe Angst vor der Belastung dieses Interviews——!

[*Pausiert.*]

– Du hast es mir nie erzählt, mein Lieber – wofür *wurde* dein Vater
eingesperrt?

VAUGHAN

[*Absichtlich.*]

Er hielt eine Rede gegen den Krieg in unserer Stadt in Missouri und druckte
sie in einer Broschüre ab –

BETTY

Oh – für das Verfassen und Verbreiten aufrührerischer Schriften –

VAUGHAN

Technisch gesehen ja – in Wirklichkeit für die Ausübung des Rechts auf freie Meinungsäußerung zu einer Politik der Regierung –

BETTY

Es kann sehr ernst sein –

[*Pausiert.*]

—Ich habe eine Idee———! Lass mich bleiben und dir helfen———

VAUGHAN

Aber vielleicht habe ich etwas zu sagen, was die Ohren eines Mädchens nicht hören sollten –

BETTY

Bitte sag es nicht! Sie sind mit dem Präsidenten in der Politik anderer Meinung. Du darfst nichts sagen, was ihn beleidigen könnte –

VAUGHAN

Ich werde nicht--! Ich glaube, ich liebe mein Land genauso wie meinen Vater –

BETTY

Lass mich bleiben!

VAUGHAN

Das darfst du nicht – ich brauche keine Aufsichtsperson –

BETTY

Aber vielleicht brauchst du einen Freund –

VAUGHAN

[*Bitter.*]

Er verfügt tatsächlich über eine schreckliche Macht, nicht wahr?

BETTY

Ja – mit der Zärtlichkeit und Liebe eines Vaters –

VAUGHAN

[*Leicht.*]

Also gut, mein Lieber, lauf jetzt los, besuche Mrs. Lincoln und rufe den Präsidenten zu sich –

BETTY

Kann ich nicht bleiben und dir helfen——?

VAUGHAN

Nein, nein——

BETTY

Es bedeutet mir jetzt so viel——!

> [*Sie schmiegt sich in seine Arme und* VAUGHAN *küsst sie.*]

VAUGHAN

Ich werde wissen, wie ich meine Sache vertreten kann –

BETTY

Alles klar – viel Glück. Ich bin sicher, dass du gewinnen wirst——

> [BETTY *geht.*]

> [VAUGHAN *geht zur Tür, die zu den Lincoln Apartments führt, hört einen Moment zu und geht dann zum Schreibtisch des Präsidenten. Sein Blick ruht auf dem abgenutzten Exemplar der Bibel, das* LINCOLN *immer auf seinem Schreibtisch hatte. Verwundert blickt er auf die durchgeblätterten Seiten.*]

VAUGHAN

Die Bibel – mein Gott!

> [*Dreht seine Blätter um.*]

Und jede Seite wurde durchgeblättert——!

> [*Er blättert weiterhin in der Bibel um.*]

> [*Man hört draußen den Klang von* LINCOLNS STIMME, WIE ER MIT MRS. LINCOLN SPRICHT.]

LINCOLN

> [*Draußen.*]

Gehen Sie zurück und sprechen Sie mit Miss Betty!

> [VAUGHAN *legt die Bibel schnell wieder auf seinen*
> *Schreibtisch und stellt sich in die Nähe der Tür zum*
> *Flur, als wäre er gerade erst eingetreten.* LINCOLN
> *kommt durch die andere Tür herein und spricht immer*
> *noch mit seiner Frau, die ihm folgt.*]

Mach dir keine Sorgen, Mutter! Wen interessieren in diesen Zeiten mehr oder weniger ein paar alte Kleider? Aber wenn ich gewusst hätte, dass sie so viel kosten, hätte ich sie mir noch einmal angeschaut und versucht, sie auf ihre Kosten zu bringen!

FRAU LINCOLN

Sind Sie sicher, dass es Ihre Entscheidung nicht beeinflusst?

LINCOLN

Kein Bisschen! Wenn wir hier bleiben, wird alles gut. Wir können ein wenig sparen. Wenn wir nicht bleiben – das alte Schild hängt immer noch an der Tür in Springfield –, wartet Billy Herndon auf mich, und das Anwaltsgeschäft wird besser laufen als je zuvor. Gehen Sie jetzt zurück und machen Sie sich keine Sorgen! Es ist meine Aufgabe, *all* die Sorgen zu erledigen –

> [LINCOLN *schließt die Tür, nachdem sie gegangen ist,*
> *geht zum Schreibtisch hinunter, hebt benommen seine*
> *ausgemergelten Augen und sieht sich im Raum um.*
> *Angst und Leid prägen erneut sein raues Gesicht. Er*
> *sieht* VAUGHAN *und wirft sofort den Bann seiner*
> *Sorgen ab, geht auf ihn zu und nimmt seine Hand.*]

Ich freue mich, dich zu sehen, mein Junge. Würdest du dir einen Stuhl heranziehen?

> [LINCOLN *lässt sich müde in seinen Stuhl fallen und*
> *seine Stimme hat einen weit entfernten, verträumten*
> *Klang, während er* VAUGHAN *aufmerksam studiert.*]

Und was kann ich für Sie tun?

VAUGHAN

Mein Name ist Vaughan – der ältere Sohn von Dr. Richard Vaughan aus Palmyra, Missouri –

LINCOLN

> [*Nachdenklich.*]

Vaughan – Richard Vaughan – ich habe diesen Namen gehört – Aber Sie sind *einer* unserer Jungs, der mit Grants Armee kämpft?

VAUGHAN

Ja--

LINCOLN

[*Sieht ihn an.*]

Wie ich sehe, warst du sehr krank – natürlich verwundet?

VAUGHAN

Ja--

LINCOLN

[*Steht auf, nimmt* VAUGHANS *Hände in seine beiden
und drückt sie.*]

Es gibt nichts, was ich nicht für einen unserer verwundeten Jungen tun
würde – wenn ich kann –

VAUGHAN

Danke schön--

LINCOLN

Was ist es?

VAUGHAN

[*Mit kalter Präzision.*]

Meine Mutter schreibt mir, dass mein Vater ohne Haftbefehl verhaftet
wurde, ohne Kaution im Gefängnis festgehalten wird und ihm das Recht auf
ein Verfahren verweigert wird –

[*Er hält inne und zittert vor Aufregung.*]

LINCOLN

Mach weiter – mein Junge –

VAUGHAN

Ich bin gekommen, um Gerechtigkeit zu fordern –

LINCOLN

Er soll es haben –

VAUGHAN

Ich bitte darum, dass er seinen Anklägern in öffentlicher Sitzung zur Rede
gestellt wird und ein faires Verfahren erhält –

LINCOLN

[*Unterbricht.*]

Wofür wurde er verhaftet?

VAUGHAN

Für die Ausübung des Rechts auf freie Meinungsäußerung. In einer
öffentlichen Ansprache verurteilte er den Krieg –

LINCOLN

Oh! – Und seine Adresse wurde gedruckt?

> [LINCOLN *nimmt das kleine Büchlein und blickt noch
> einmal auf die Titelseite und dann auf* VAUGHAN .]

VAUGHAN

Er hatte ebenso das Recht, es zu drucken, wie es auszusprechen –

LINCOLN

Nein, er hatte nicht –

> [*Pausiert und sieht* VAUGHAN AN .]

Sie sagen, der Name Ihres Vaters sei Richard Vaughan –?

VAUGHAN

Ja – Dr. Richard Vaughan – und ich bitte für ihn um einen fairen Prozess
vor seinen Anklägern – ich bitte um Gerechtigkeit – werden Sie ihm diesen
Prozess gewähren –?

> [LINCOLN *legt die Broschüre auf seinen Schreibtisch
> und steht auf.*]

LINCOLN

> [*Schüttelt den Kopf.*]

Ich kann nicht--! Ich kann es nicht tun!

> [*Er verschränkt die Arme hinter dem Rücken und geht
> auf und ab, ohne das Glitzern des Mordes in
> VAUGHANS Augen zu bemerken . VAUGHAN zieht
> langsam seinen Revolver und will ihn gerade zum
> Schießen heben, als LINCOLN sich plötzlich umdreht
> und spricht.*]

> [*Mit scharfer Betonung.*]

Diese kleine Broschüre, Sir, gelangte in die Reihen und veranlasste eine Reihe von Soldaten, zu desertieren –

VAUGHAN

Wer sagt das?

LINCOLN

Ich weiß es zufällig!

[LINCOLN *hält inne und schüttelt traurig den Kopf.*]

Siehst du, mein Junge, dein Haus ist in sich selbst gespalten – das Symbol unseres unglücklichen Landes. Natürlich war mir dieser spezielle Fall nicht bekannt. Solche Dinge tun mir so weh, dass ich mich weigere, sie zu erfahren, es sei denn, ich muss es tun. Sie sagen mir, dass Seward und Stanton derzeit mehr als 35.000 Männer ohne Haftbefehl festgenommen haben und im Gefängnis festhalten. Ich hoffe, die Zahl ist übertrieben – es kann aber trotzdem sein –

VAUGHAN

[*Wütend.*]

Es ist wahr – ich habe es seit der Verhaftung meines Vaters gelernt!

LINCOLN

[*Zärtlich.*]

Aber komm jetzt, mein Sohn, versetze dich in meine Lage! Ich bin hier, um die Union zu retten, für die Sie kämpfen – für die Sie Ihr Blut vergossen haben. Ich habe zwei Millionen Männer bewaffnet und wir geben täglich vier Millionen aus , um den Süden wegen seiner Abspaltungsversuche zu bekämpfen. Meine Gegner machen sich unsere Trauer zunutze, halten Ansprachen an das Volk und wählen feindselige Parlamente in den Nordstaaten. Sie waren dabei, Sezessionsverordnungen zu erlassen und eine Nordwestkonföderation zu gründen! Soll ich die Sezession im Süden bekämpfen und hier nur darüber streiten? Ich war gezwungen, das Zivilrecht außer Kraft zu setzen, diese Männer zu verhaften und sie ohne Kaution oder Gerichtsverfahren festzuhalten –

VAUGHAN

Sie *nutzen* also die nackte Macht eines Kaisers?

LINCOLN

[*Schüttelt traurig den Kopf.*]

Diese Macht wurde mir vom Volk für kurze Zeit anvertraut. Ich benutze es traurig, aber bestimmt – und ich werde durch die Gebete der Mütter unterstützt, deren Söhne für unsere Sache sterben – und der stillen Millionen da draußen, die ich in diesem Moment nicht sehen kann – die ich aber liebe und denen ich vertraue.

VAUGHAN

[*Mit wütenden Tränen.*]

Die Verfassung der Republik garantiert jedem freien Mann das Recht auf ein öffentliches Verfahren vor seinen Anklägern –

LINCOLN

[*Leidenschaftlich.*]

Aber wir führen einen Krieg um das Leben der Verfassung selbst! Ich habe es nicht angefangen. Wenn es einmal begonnen hat, muss es bis zum Ende bekämpft und die Nation gerettet werden. Wir müssen jetzt beweisen, dass es unter freien Männern keinen erfolgreichen Appell an den Stimmzettel zum Bajonett *geben kann* . Um die Verfassung der Republik zu bewahren, muss ich in dieser Krise einige ihrer Bestimmungen strapazieren –

VAUGHAN

[*In harten Tönen.*]

Und Sie werden sich nicht einmischen, um diesen Angeklagten einen Prozess zu ermöglichen?

LINCOLN

Ich wage es nicht, mich einzumischen! Das Zivilrecht muss für den Moment außer Kraft gesetzt werden – so wie das Gesetz des Lebens außer Kraft gesetzt wird, während der Chirurg einen Krebs aus blutendem Fleisch schneidet! Ich kann nicht einen einzigen Soldaten wegen Fahnenflucht erschießen, wenn ich den Mann freilasse, der ihn zur Fahnenflucht verleitet …

[*Er hält inne und legt seine Hände auf* VAUGHANS *Schultern.*]

Denken Sie nicht, mein Sohn, dass all das Leid dieses Krieges nicht mein eigenes ist! Jede Granate dieser Waffen trifft *mein* Herz. Die Tränen der Witwen und Waisen – aller, der Blauen und der Grauen – gehören mir! Denn wir sind gleichermaßen für diesen Krieg verantwortlich! Als ich aus dem Westen hierher kam, fand ich einen von Panik erfüllten Norden vor, der vom Gift der Sezession erstickt war. Unsere Väter hatten von einer Union nur *geträumt* – sie haben sie nie erlebt. Der Norden hatte dreißig Jahre lang mit der Sezession gedroht. Horace Greeley sagte in seiner großartigen Zeitung am Tag meiner Amtseinführung den Millionen, die an seinem Wort als dem Orakel des Himmels festhielten, dass die Sezession unvermeidlich sei! „Deshalb lasst unsere irrenden Schwestern des Südens gehen!" war sein täglicher Schrei. Ich hätte diesen Krieg nicht verhindern können, ebenso wenig wie Jefferson Davis. Wir befinden uns im Griff mächtiger Kräfte, die seit Jahrhunderten auf uns zukommen. Wir kämpfen den Kampf der Zeitalter———

[*Er hält erneut inne.*]

Aber unser Land ist es wert, mein Junge, wenn wir es nur retten können! Aus dieser Qual wird ein geeintes Volk entstehen. Es hat nie eine Demokratie *auf dieser Welt gegeben* , weil es nie eine ohne den Schatten eines Sklaven gegeben hat. Wir müssen eine echte Regierung des Volkes aufbauen, durch das Volk, für das Volk. Es geht nicht nur um vier Millionen schwarze Sklaven. Es geht um das Leben ungeborener Freier. Ich höre die Schritte dieser kommenden Millionen. Ihr Schicksal liegt in Ihren und meinen Händen. Eine mächtige Union freier demokratischer Staaten ohne Sklaven – die Hoffnung, Zuflucht und Inspiration der Welt – ein Leuchtturm am Ufer der Zeit!

[*Pausiert.*]

– Es gibt nur eine Tragödie, die keinen Lichtblick haben kann, und die ist, dass dieses Blut, das wir jetzt vergießen, umsonst geflossen sein wird und diese tapferen Männer umsonst sterben werden, dass der alte Fluch bestehen bleiben wird, die Vereinigung in feindliche Abschnitte aufgeteilt und diese Schlachten müssen erneut ausgetragen werden.

[*Er hält inne, atmet tief durch und hebt seine Gestalt,* *als wollte er einen weiteren Albtraum abschütteln, und* *legt seinen Arm um* VAUGHAN.]

Meine Feinde nennen mich einen Tyrannen und Usurpator! Ich, der ich aus einer Pionierhütte in der Wildnis hierher gekommen bin, aus Lumpen und Armut –

[*Pausiert.*]

– Wie gut ich mich daran erinnere, als meine Mutter sie ansah und sagte: „Das ist nichts – es zählt hier nicht – es kommt darauf an, was du fühlst – es ist, was du glaubst – es ist das, was du siehst, was zählt –"

[*Kämpft mit seinen Gefühlen.*]

Jetzt werde ich dir etwas zeigen, mein Sohn, und ich überlasse es *dir* , darüber zu urteilen, ob ich ein Tyrann bin –

[*Er nimmt die Broschüre und gibt sie* VAUGHAN.]

Lesen Sie die Titelseite.

VAUGHAN

[*Erstaunt lesen.*]

„Warum sollten Brüder kämpfen?" Von Dr. Richard Vaughan.

LINCOLN

Diese Broschüre wurde von seiner Schwester aus der Tasche eines armen, unwissenden Jungen genommen, der morgen bei Sonnenaufgang wegen Fahnenflucht erschossen werden sollte –

VAUGHAN

NEIN! NEIN!--

LINCOLN

Ich habe ihn heute Morgen begnadigt –

[VAUGHAN *seufzt erleichtert.*]

Dein Vater hat dieses Gift geschrieben und gedruckt und hat sein Leben für die Tat dieses Jungen geopfert –

VAUGHAN

[*Zitternd.*]

Ich weiß, dass Sie seine Hinrichtung anordnen könnten …

LINCOLN

Ich habe heute gesagt, dass ich einen solchen Mann an einen vierzig Ellen hohen Galgen hängen würde – aber jetzt, wo ich dich zittern sehe –

[*Er macht eine Pause.*]

Ich werde seine Hinrichtung *nicht anordnen.* Ich werde ihn nur festhalten, bis der Krieg vorbei ist, und ihn und alle anderen dann gehen lassen –

[*Pausiert.*]

Tyrann und Usurpator nennen sie mich! Und ich bin der bescheidenste Mann, der heute Abend auf der Erde wandelt!

VAUGHAN

[*Langsam sinkt er auf einen Sitz und bedeckt sein Gesicht mit den Händen, während er verzweifelt aufschreit.*]

Ach du lieber Gott--!

LINCOLN

[*Biegt sich in trauriger Verwunderung vor und berührt*
VAUGHANS *Kopf.*]

Warum – was ist los, mein Junge –? Ich bin der einzige Mann, der verzweifelt.
Du bist nur ein Hauptmann der Armee. Sie müssen nur Ihrem Vorgesetzten
gehorchen. Wenn es so schwer ist, das Oberhaupt der Hölle zu sein, wie das,
was ich hier durchmachen musste, könnte ich es in meinem Herzen finden,
Satan selbst zu bemitleiden. Und wenn es einen Mann außerhalb des
Verderbens gibt, der mehr leidet als ich, dann tut er mir leid –!

VAUGHAN

[*Springt auf und wirft schmerzerfüllt die Hände nach*
oben.]

Du verstehst nicht——! Du verstehst nicht——!

LINCOLN

Verstehen – was –?

VAUGHAN

[*Ungestüm.*]

Als ich mit meinen Wunden im Krankenhaus lag, erhielt ich den Brief, der
mich über die Inhaftierung meines Vaters informierte. Ich muss verrückt
geworden sein – denn als du dich heute Abend geweigert hast, ihm den
Prozess zu machen – habe ich angefangen, dich – zu töten – Oh mein Gott!

[*Bricht zusammen.*]

LINCOLN

Um mich zu töten——! Du bist der zweite Mann, der es versucht. Er wird
mich das nächste Mal erwischen – ich, der ich die Toten um ihre Ruhe
beneide!

[*Lacht.*]

Was für eine seltsame Sache dieses unser Leben!

[*Pausiert.*]

Warum hast du es nicht *getan*—— ?

VAUGHAN

Denn du hast mich zum ersten Mal dazu gebracht, die Dinge so zu sehen,
wie sie sind, und ich habe einen Blick in das Innere geworfen …

LINCOLN

[*Eifrig.*]

Dann habe ich gewonnen, nicht wahr?

VAUGHAN

Ja – und ich kann mir den Gedanken nie verzeihen, dir Schaden zuzufügen –!

LINCOLN

[*Ignoriert seine Trauer.*]

dich gewonnen habe , kann ich auch andere gewinnen, wenn ich ihnen nur zuhöre und ihnen mitteile, was du weißt! Ich brauche nur ein wenig Zeit! Und ich werde jetzt dafür kämpfen———

[*Mit schneller Aufmunterung des Geistes.*]

Ich habe dir die Wahrheit gesagt und die Wahrheit hat einen Mörder zu meinem Freund gemacht! Wenn die Menschen es nur wissen können – wenn sie Zeit zum Nachdenken haben, dann werde ich gewinnen – ich werde gewinnen –! Schau mal – ich habe dich jetzt *gewonnen* –?

VAUGHAN

[*Eifrig.*]

Geben Sie mir einfach die Chance, es zu beweisen———!

[LINCOLN *betrachtet* VAUGHAN *nachdenklich.*]

LINCOLN

Sie haben in Washington zweifellos viele bittere Dinge gesagt?

VAUGHAN

Viele von ihnen--

LINCOLN

Dann wurden Sie von den Anführern eines Copperhead-Geheimordens namens „Die Ritter des Goldenen Kreises" angesprochen – nicht wahr?

VAUGHAN

Ja--!

LINCOLN

Ich dachte auch--

[*Vorsichtig.*]

Du – bist dem Orden beigetreten –?

VAUGHAN

[*Zögert.*]

Ich bin beigetreten und einer ihrer Offiziere –

LINCOLN

[*Sorgfältig.*]

Von ihrem inneren Rat?

VAUGHAN

Ja--

LINCOLN

Kennen Sie alle ihre Zeichen und Passwörter?

VAUGHAN

Alle --

LINCOLN

[*Mit plötzlicher tiefer Erregung.*]

Junger Mann, vielleicht dachten Sie, Sie wären heute Abend mit Mord im Herzen hierhergekommen – aber der allmächtige Gott hat Sie aus einem anderen Grund gesandt –!

VAUGHAN

Wie meinst du das?

LINCOLN

Du stehst mir jetzt bei, durch dick und dünn?

VAUGHAN

[*Leidenschaftlich.*]

Ich fände es eine Ehre, für dich zu sterben——!

LINCOLN

Nun, ich werde Sie bitten, für einen Mann mit sensibler Ehre etwas Schwierigeres zu tun. Diese Copperhead-Verräter nutzten Ihre Krankheit und Ihre Trauer um Ihren Vater aus, um Sie in einen Plan des Hochverrats zu verwickeln –

VAUGHAN

Was--!

LINCOLN

Sie glaubten, ihr Zweck sei patriotischer Natur – nicht wahr?

VAUGHAN

Natürlich--

LINCOLN

[*Beschlagnahme* VON BAKERS *Bericht.*]

Dieses Dokument von Baker's Office enthält den ursprünglichen Befehl ihres Chefs für einen Aufstand in der Wahlnacht –

VAUGHAN

Aufstand wofür——?

LINCOLN

Um die Regierung zu stürzen, die Konföderation anzuerkennen und die Union zu spalten –

VAUGHAN

Ist es möglich--!

LINCOLN

Sie wissen – nach dem, was heute Abend zwischen uns passiert ist – dass ich die Wahrheit spreche –

VAUGHAN

Ja--!

LINCOLN

Sie kamen hierher, um einen Prozess für Ihren Vater zu fordern – und fanden ihn in Wirklichkeit zu Recht zum Tode verurteilt. Ich habe ihn begnadigt. Ich möchte, dass Sie für sein Unrecht und Ihren eigenen tragischen Fehler büßen, indem Sie mir die Zeichen und Passwörter dieser Gesellschaft zur Verfügung stellen. Du wurdest grundlos getäuscht und betrogen – wirst du es tun?

VAUGHAN

Wenn mein Land ruft – ja – und ich werde Gott für die Chance zur Sühne danken –!

LINCOLN

Gut--! Du bist heute Abend der einzige Mann auf Erden, den ich brauche und von dem ich nicht dachte, dass ich ihn bekommen könnte! Ich werde dich auf eine gefährliche Mission schicken. Ich brauche zwei Dinge, um diese Wahl zu gewinnen und die Union zu retten – einen einzigen Sieg vor Ort, um unser Volk aus den Trümmern zu befreien, und ein Wort von Jefferson Davis, *dass es keinen Frieden ohne Spaltung geben kann* ! Ich kenne Davis. Wir wurden beide fast am selben Tag in Kentucky geboren. Er hat diese Position inne. Doch die Friedenspartei des Nordens will das nicht glauben. Sie sagen, er werde Kompromisse eingehen. Jetzt habe ich zwei Männer dorthin geschickt – Colonel Jacquess, einen methodistischen Geistlichen aus unserem Krankenhausdienst, und John R. Gilmore von der *Tribune* , der Zeitung des alten Greeley. Sie gehen als Privatbürger des Nordens, die Frieden wünschen. Sie sollen Davis herauslocken und seine Erklärung für mich einholen. Technisch gesehen sind sie Spione – denn sie haben keine Referenzen. Sie können eingesperrt oder hingerichtet werden. Sie durchquerten unsere Linien vor sieben Tagen, nur zwanzig Meilen von Richmond entfernt. Ich konnte nichts von ihnen hören. Die Stille ist bedrohlich.

VAUGHAN

Und Sie möchten, dass ich herausfinde, was mit ihnen passiert ist –?

LINCOLN

[*Eifrig.*]

Ich will schnell einen anderen Mann in Richmond – dessen Identität unbekannt sein wird – einen Mann, der das Vertrauen von Judah P. Benjamin, Davis' Außenminister, gewinnen kann, der mein Interview mit dem Präsidenten der Konföderierten verhindert. Benjamin ist heute der fähigste und bei weitem gefährlichste Mann im Süden. Ich weiß aus diesem Dokument auf meinem Schreibtisch –

[*Berührt* BAKERS *Bericht.*]

dass er in engem Kontakt mit den Copperhead Societies of the North steht – sofern sein scharfer Verstand sie nicht tatsächlich leitet. Sie haben ihre Zeichen und Passwörter. Es scheint zu schön, um wahr zu sein! Wenn Sie Benjamin einen Sonderbericht über diesen geplanten Aufstand überbringen, können Sie sein Vertrauen gewinnen und ihn überreden, meine Männer zu Davis zu lassen. Wenn Sie nur durch die Warteschlangen kommen und ihn erreichen können, bevor Sie verhaftet werden –!

VAUGHAN

Ich habe einen Bruder in der Armee von General Lee – Sir –, mit dem ich vor dem Krieg oft verwechselt wurde –

LINCOLN

Das ist großartig--!

VAUGHAN

Auch er ist Offizier, Oberleutnant.

LINCOLN

Bußgeld! Bevor Sie gehen, sprechen Sie mit Baker. Er wird Ihnen die Namen unserer Agenten in Richmond nennen und über Ihre Verkleidung entscheiden. Er wird Sie wahrscheinlich in die Uniform der Konföderierten stecken und im Namen Ihres Bruders einen Rebellenurlaub ausstellen , den Sie im Notfall nutzen können. Du bist ein Mann aus dem Süden. Dein Akzent ist perfekt. Ihre Erfolgsaussichten sind groß. Ich möchte, dass du innerhalb einer Stunde gehst------

[*Er schreibt auf zwei Karten.*]

VAUGHAN

Wenn Sie möchten, in fünf Minuten –

LINCOLN

Wenn Sie Jacquess und Gilmore eine Anhörung verschaffen können und sie zurückkehren und ihre Geschichte erzählen dürfen, ist Ihre Arbeit in Richmond erledigt. Aber wenn sie eingesperrt oder hingerichtet werden, melden Sie diese Tatsache und die Antwort von Herrn Davis , und es wird *doppelt* wirksam sein – verstehen Sie –?

VAUGHAN

Perfekt, Sir –

LINCOLN

Das ist Ihr erster Job. Ihre nächste Aufgabe besteht darin, eine besondere Nachricht aus *der Konföderation* an General Sherman zu übermitteln, der Atlanta belagert.

[*Nimmt Telegramm auf.*]

In dieser heute Morgen eingegangenen Nachricht von ihm heißt es, dass er Hoods zweite Verteidigungslinie, die er in einer Flankenbewegung bekämpfen muss, bisher nicht lokalisieren und zählen konnte. Nehmen Sie den Zug von Richmond nach Atlanta. Halten Sie auf Schritt und Tritt die Augen offen. Finden Sie von innen heraus die Position dieser zweiten Linie und die Anzahl der Regimenter heraus, die sie halten. Machen Sie keinen Fehler. Brechen Sie zu Sherman durch und melden Sie sich bei ihm –

VAUGHAN

Ein harter Job, Sir – aber ich glaube, dass ich es schaffen kann –

LINCOLN

So redet man, mein Junge –! Wenn Sie General Sherman erreichen, überbringen Sie ihm eine mündliche Nachricht – ich gebe Ihnen ein Zeichen, das Sie identifiziert. Das ist die große Aufgabe, zu der ich Sie schicke. Ich könnte meinen Befehl direkt an Sherman telegrafieren, aber er müsste im Kriegsministerium eingereicht werden und könnte General Grant verärgern. Als Offizier verstehen Sie, dass –

VAUGHAN

Offensichtlich, Sir –

LINCOLN

Aus diesem Grund schicke ich Sie zu dieser dringenden und gefährlichen Angelegenheit. Sagen Sie General Sherman für mich, wenn er Atlanta sofort einnehmen kann, wird der Schlag unser Volk aus der Verzweiflung befreien, die Wahl gewinnen und die Union retten! Ich schicke Ihnen den Befehl, zuzuschlagen. Wenn er gewinnt, bleibt der Auftrag geheim – das Verdienst gebührt ganz ihm! Wenn er zuschlägt und verliert, veröffentliche ich meinen Befehl und nehme die Schuld auf mich. – *Glaubst* du , dass du *das schaffen kannst* –?

VAUGHAN

[*Ruhig.*]

Ich werde es tun – oder ich werde bei dem Versuch sterben, Sir –

LINCOLN

[*Schreibt auf die Rückseite seiner Karte.*]

Also gut, bringen Sie diese Karte zu Stantons Büro und sagen Sie ihm, was ich Ihnen gesagt habe. Bitten Sie ihn, Sie per Boot nach Aquia, Virginia, zu schicken und von dort aus zu Pferd. Diese Karte an Baker's Office – Kommen Sie hierher zurück, um Ihre Papiere zu holen, und verabschieden Sie sich von Ihrem Schatz –

VAUGHAN

Sofort, Herr –

LINCOLN

Mein Junge – ich vertraue dir bedingungslos! Der Gott meiner Mutter hat zu mir gesprochen, seit du diesen Raum betreten hast! Du hast meinen Geist in die Höhe gehoben!

[VAUGHAN *geht.*]

VORHANG

Akt III

SZENE I

BÜHNENBILD : *Jefferson Davis' Zimmer im Kapitol der Konföderierten in Richmond, zwei Tage später. Rechts steht ein langer Tisch. Links zwei kleine Tische. Türen rechts und links und Kaminsims in der Mitte.*

BEIM AUFSTEHEN : EIN TÜRSTEHER *in Uniform der Konföderierten stellt die Stühle an einem langen Tisch auf, als ob es für eine Kabinettssitzung wäre.*

[BENJAMIN *kommt herein.*]

BENJAMIN

Mr. Davis ist noch nicht angekommen——?

DER TÜRSTEHER

Noch nicht, Herr Benjamin – ich erwarte ihn um zehn Uhr – es ist jetzt ein Viertel von –

BENJAMIN

Ich habe einen jungen Mann gebeten, in Ihrem Zimmer auf mich zu warten – ist er gekommen –?

DER TÜRSTEHER

Er ist jetzt da – Sir –

BENJAMIN

Du hast offen mit ihm gesprochen –?

DER TÜRSTEHER

[*Lacht.*]

Oh ja, Sir – wir haben eine halbe Stunde lang Garne getauscht – –

BENJAMIN

Das dachte ich mir – deshalb habe ich ihn gebeten, in deinem Zimmer zu warten –

DER TÜRSTEHER

Nun ja, ich versuche immer, kontaktfreudig zu sein———!

BENJAMIN

Ich weiß! Hast du viel von ihm mitbekommen?

DER TÜRSTEHER

Warum, wie – wie meinst du?

BENJAMIN

Finden Sie etwas über seine Leute heraus – woher er kommt, wohin er geht – was er in Richmond macht?

DER TÜRSTEHER

Oh nein, Herr! Er ist voller Spaß – er hat mich die meiste Zeit zum Lachen gebracht –

BENJAMIN

Ich verstehe--!

[*Lacht.*]

Er kennt sein Geschäft. Führen Sie ihn herein.

DER TÜRSTEHER

Jawohl--

[BENJAMIN *setzt sich an einen der kleinen Tische links und prüft seinen Zeitplan für die Arbeit des Tages.* DER TÜRSTEHER *öffnet die Tür und führt* VAUGHAN *herein, gekleidet in die Uniform der Konföderierten.* BENJAMIN *erhebt sich und begrüßt ihn herzlich.*]

BENJAMIN

Guten Morgen, junger Mann———

[*Gibt* VAUGHAN *das Zeichen der Ritter des Goldenen Kreises.*]

VAUGHAN

[*Rückgabezeichen.*]

Guten Morgen, Herr Benjamin – ich hoffe, Sie haben sich gut ausgeruht?

BENJAMIN

Nicht so gut wie sonst – die Wahrheit ist, dass ich die ganze Nacht mit dem Problem von Jacques und Gilmore gerungen habe. Ich habe Ihre Ansicht bestätigt, dass sie ihre richtigen Namen angegeben haben. Gilmore *ist* ein Reporter der New York *Tribune* und Colonel Jacquess ist ein methodistischer Geistlicher, der im Krankenhausdienst bekannt ist und tatsächlich für seine freundliche Behandlung von Gefangenen aus dem Süden berühmt ist –

VAUGHAN

Genau wie ich es dir gesagt habe –

BENJAMIN

Ich habe dem Devisenkommissar, der sie in Gewahrsam gehalten hat, erlaubt, sie heute Morgen hierher zu bringen –

VAUGHAN

Gut!

BENJAMIN

Gestern Abend habe ich beschlossen, Ihren Rat zu befolgen und sie zu Mr. Davis zu schicken –

VAUGHAN

Ich bin froh--

BENJAMIN

Heute Morgen rätsel ich darüber!

VAUGHAN

[*Zeigt seine Enttäuschung.*]

Warum--?

BENJAMIN

Ich stimme Ihnen zu, dass wir das Interview für unsere eigenen Zwecke nutzen könnten. Aber das Problem ist, dass Mr. Davis manchmal weichherzig ist. Er könnte sich weigern, meinen Rat anzunehmen. Er könnte diese Männer gehen lassen.

VAUGHAN

Sie können sich doch darauf verlassen, dass er Ihnen erlaubt, sie bis nach der Wahl im Libby-Gefängnis festzuhalten?

BENJAMIN

Ich bin mir da nicht sicher. Wenn er auf die Idee kommt, sie gehen zu lassen, ist er stur wie ein Maultier.

VAUGHAN

Alles klar – lassen Sie mich beim Interview anwesend sein und mir Notizen machen. Wenn Herr Davis eine wichtige Erklärung zum Thema Frieden abgibt und sie gehen lässt, werde ich ihnen im Norden zuvorkommen und zuerst *Ihre* Version des Interviews geben ——!

BENJAMIN

[*Zögernd.*]

Das könnte ich tun – ja –!

VAUGHAN

Ich könnte nicht nur verhindern, dass ihr Bericht Schaden anrichtet, sondern ich könnte ihm auch eine Wendung geben, die ihn zu einem Bumerang auf Lincoln machen würde …

[BENJAMIN *zögert, während* VAUGHAN *ihn atemlos beobachtet.*]

BENJAMIN

[*Nachdenken.*]

Sie könnten als mein Sondersekretär für das Treffen fungieren und Stenographienotizen machen – oder so tun, als ob …

VAUGHAN

Ich verwende Stenografie. Ich war Reporter in Washington——

BENJAMIN

Dann wäre es einfach.

VAUGHAN

Was auch immer gesagt wird, ich kann einen Bericht verfassen, der die Absicht unserer Gesellschaften, den Aufstand in der Wahlnacht voranzutreiben, untermauert.

BENJAMIN

Sind Sie sicher, dass der Befehl zum Aufstand gegen die Regierung von Lincoln erteilt wurde?

VAUGHAN

Absolut sicher.

BENJAMIN

Ich weiß, dass sie darüber gesprochen haben und vielleicht beschlossen haben, es zu tun, aber sind die eigentlichen Vorbereitungen bereits im Gange?

VAUGHAN

In jeder Loge der Ritter des Goldenen Kreises ist der Befehl nun aktenkundig. Unsere Streitkräfte werden ausgebildet. Ich habe den ursprünglichen Befehl mit der Unterschrift des Kommandanten gelesen –

BENJAMIN

[*Begeistert.*]

Es sind großartige Neuigkeiten, die Sie uns gebracht haben, junger Mann – großartige Neuigkeiten!

[BENJAMIN *zögert und* VAUGHAN *beobachtet ihn.*]

Na gut, wir werden es riskieren———!

[VAUGHAN *zeigt seine heimliche Freude und tiefe Aufregung.*]

Diese Männer sind zweifellos Lincolns Spione – aber wir werden ihnen alle möglichen Informationen entlocken und sie dann für unsere Zwecke nutzen –

[DER TÜRSTEHER *kommt herein.*]

DER TÜRSTEHER

Richter Ould , der Kommissar des Devisenhandels –

[OLD *tritt ein.*]

OULD

Unsere Besucher sind draußen, Herr Benjamin.

BENJAMIN

Sie verstehen, Richter Ould , dass diese Männer unter Ihrer Obhut als Börsenkommissar Kriegsgefangene sind?

OULD

Ich bin mir dieser Tatsache schmerzlich bewusst, Sir – und die Verantwortung gefällt mir nicht.

BENJAMIN

Während ihres Aufenthalts in Richmond müssen sie unter strengster Bewachung gehalten werden und es dürfen ihnen keine Freiheiten gewährt werden, außer auf meinen Befehl oder den Befehl des Präsidenten.

OULD

Ich kann ihnen hier bei dir hoffentlich eine halbe Stunde lang anvertrauen?

BENJAMIN

Du kannst. Zeigen Sie sie herein.

> [VAUGHAN *setzt sich an den kleinen Tisch neben* BENJAMIN *, der ihm ein Notizbuch gibt und sich darauf vorbereitet, Notizen zu machen.* OULD *kommt wieder herein und dirigiert* JACQUES *und* GILMORE .]

OULD

Oberst James F. Jacquess und Herr John R. Gilmore, – Herr Außenminister –

> [OLD *Verbeugt sich und geht, während* BENJAMIN *mit ausgeprägter Herzlichkeit auf seine Besucher zugeht. Er schüttelt nicht die Hand, sondern verbeugt sich höflich.*]

BENJAMIN

Ich freue mich, Sie zu sehen, meine Herren. Bitte nehmen Sie Platz.

> [*Die beiden Männer setzen sich und* GILMORE *wirft* VAUGHAN *einen erschrockenen, erkennenden Blick zu, den* VAUGHAN *nicht erwidert.*]

Ich vertraue darauf, dass Sie Annäherungsversuche von Ihrer Regierung einbringen.

JACQUES

Nein, Sir, wir machen keine Annäherungsversuche –

GILMORE

Wir haben keine Autorität von unserer Regierung .

JACQUES

Wir sind lediglich als Privatpersonen gekommen, um zu erfahren, welche Bedingungen für Herrn Davis für die Beendigung des Krieges akzeptabel sein werden.

BENJAMIN

Sind Sie jedoch mit Mr. Lincolns Ansichten vertraut?

JACQUES

Einer von uns ist völlig———

BENJAMIN

Das habe ich vermutet. Darf ich fragen, ob Mr. Lincoln Sie in irgendeiner Weise autorisiert hat, hierher zu kommen?

GILMORE

Nein Sir. Wir kamen natürlich auf seinem Weg durch die Linien, aber nicht auf seine Bitte hin.

JACQUES

Wir kamen, Herr Benjamin, einfach als Männer und Christen, nicht als Diplomaten, in der Hoffnung, in einem offenen Gespräch mit Herrn Davis einen Weg zu finden, wie dieser Krieg gestoppt werden kann.

BENJAMIN

Auf meinen Rat hin, meine Herren, wird Mr. Davis Sie empfangen …

JACQUES UND GILMORE

Danke schön--

BENJAMIN

Ich glaube, er ist jetzt hier –

[BENJAMIN *geht.*]

GILMORE

[*In leisen Tönen zu* VAUGHAN.]

Was machst du hier?

VAUGHAN

Schreiben! Ich kenne dich nicht———

GILMORE

Zum Teufel, das tust du nicht!

VAUGHAN

NEIN!

GILMORE

Wir haben einmal in Washington an demselben Papier gearbeitet –

VAUGHAN

Ich habe dich noch nie gesehen——

GILMORE

Kommen Sie vorbei! *Wir stecken in einer Falle!*

VAUGHAN

Halt deine verdammte Falle! Oder wir machen morgen früh bei Sonnenaufgang gemeinsam unser Frühstück an der Leine! Gehen Sie zurück an Ihren Platz!

> [*Das Geräusch herannahender Schritte ist zu hören.* BENJAMIN *kommt herein, als* GILMORE *sich auf seinen Platz fallen lässt.*]

BENJAMIN

Meine Herren: Der Präsident der Konföderierten Staaten von Amerika!

> [DAVIS *kommt herein und verneigt sich vor seinen Besuchern, die aufstehen. Seine Figur ist etwa 1,70 Meter groß und ziemlich dünn. Seine Gesichtszüge sind typisch für den Gelehrten und Denker des Südens mit eckigen Wangen und hohen Wangenknochen. Sein eisengraues Haar ist lang und dicht und neigt an den Enden dazu, sich zu kräuseln. Sein Schnurrbart ist dünn und nach Bauernart am unteren Ende seines kräftigen Kinns gestutzt. Seine Augen strahlen voller Lebenskraft. Seine Stirn ist breit, sein Mund kräftig. Er trägt einen braunen Anzug aus ausländischem Stoff, der ihm perfekt passt. Seine Schultern hängen leicht herab. Seine Art ist locker und anmutig, seine Stimme charmant und kultiviert.*]

DAVIS

Ich freue mich, Sie kennenzulernen, meine Herren. Sie sind in Richmond herzlich willkommen.

GILMORE

Wir danken Ihnen, Herr Davis.

DAVIS

Herr Benjamin erzählt mir, dass Sie um einen Besuch bei mir gebeten haben —

[*Er macht eine Pause und wartet darauf, dass seine
Besucher den Satz beenden.*]

JACQUES

Jawohl. Unser Volk will Frieden. Ihre Leute tun es. Wir sind gekommen, um zu fragen, wie es zustande kommen kann?

DAVIS

Ganz einfach. Ziehen Sie Ihre Armeen aus dem Süden ab, lassen Sie uns in Ruhe, dann kommt sofort Frieden.

JACQUES

Aber wir können Sie nicht in Ruhe lassen, solange Sie versuchen, die Union zu spalten.

DAVIS

Ich weiß. Sie verweigern uns, was Sie sich selbst fordern: das Recht auf Selbstverwaltung.

JACQUES

Trotzdem, Herr Davis, können wir nicht ewig kämpfen. Der Krieg muss irgendwann enden. Wir müssen uns endlich auf etwas einigen. Können wir jetzt nicht die Grundlage für eine Einigung finden und dieses Gemetzel stoppen?

[VAUGHAN *macht sich schnell Notizen.*]

DAVIS

Ich wünsche Frieden genauso wie Sie. Ich bedauere Blutvergießen. Aber ich habe das Gefühl, dass nicht ein Tropfen dieses Blutes an meinen Händen ist. Ich kann zu Gott aufschauen und das sagen. Ich habe versucht, diesen Krieg abzuwenden. Ich habe es kommen sehen und zwölf Jahre lang Tag und Nacht daran gearbeitet, es zu verhindern. Der Norden war verrückt und blind und ließ nicht zu, dass wir uns selbst regieren, und jetzt muss es so weitergehen, bis der letzte Mann dieser Generation in seine Fußstapfen tritt und ihre Kinder ihre Musketen ergreifen und unseren Kampf führen — es sei denn, *Sie erkennen unser Recht auf Selbstbestimmung an. Regierung* . Wir kämpfen nicht für die Sklaverei. Wir kämpfen für *die Unabhängigkeit* und dafür oder für *die Vernichtung,* die uns bevorsteht –

JACQUES

[*Protestiert.*]

Wir haben nicht den Wunsch, den Süden auszurotten! Aber wir müssen Ihre Armeen vernichten. Ist es nicht schon fast geschafft? Grant hat Sie in Richmond eingesperrt und Sherman ist vor Atlanta.

DAVIS

[*Lacht.*]

Du scheinst die Situation nicht zu verstehen! Wir sind in Richmond noch nicht ganz eingesperrt. Wenn Ihre Papiere die Wahrheit sagen, ist Ihr Kapitol in Gefahr, nicht unseres. Lees Front war noch nie gebrochen. Er hält Grant fest, dringt in den Norden ein und beschießt Washington. Sherman liegt allerdings vor Atlanta. Aber angenommen, er ist es? Seine Position ist gefährlich. Je weiter er sich von seiner Versorgungsbasis entfernt , desto verheerender muss die Niederlage sein. Und seine Niederlage könnte unmittelbar bevorstehen.

JACQUES

Und doch stehen die Chancen überwiegend gegen Sie. Wie kann man am Ende auf Erfolg hoffen?

DAVIS

Mein Freund, der Süden steht für ein Prinzip – seine gleichen Rechte gemäß der Verfassung, die seine Väter geschaffen haben. Dieses Land war schon immer eine Republik der Republiken – kein Imperium. Wir kämpfen für das Recht auf kommunale Selbstverwaltung, das wir von den Tyrannen der alten Welt errungen haben. Die Staaten der Union waren schon immer souverän. Wir haben nie darüber nachgedacht, über Erfolg oder Misserfolg nachzudenken , Sir. Fünf Millionen freie Bürger des Südens zogen ihr Schwert gegen zwanzig Millionen , weil ihre Rechte verletzt worden waren.

JACQUES

Und doch, Herr Davis, wissen Sie genauso gut wie ich, dass fünf Millionen gegen zwanzig nicht ewig durchhalten können. Sind wir noch nicht am Ende angekommen?

DAVIS

Kaum! Glauben Sie, dass es im Norden immer noch zwanzig Millionen Menschen *gibt, die entschlossen sind, uns zu vernichten?* Wenn ja, möchte ich Ihnen sagen, dass ich über die aktuelle Situation in Ihren Dienststellen besser informiert bin als Sie. Der Norden ist in diesem Moment hoffnungslos gespalten, Sir –

[BENJAMIN tauscht Zeichen mit VAUGHAN AUS.]

JACQUES

Der Streit mit Ihrer Regierung beschränkt sich also auf die Frage: Einigkeit oder Uneinigkeit?

DAVIS

Sagen wir Unabhängigkeit oder Unterwerfung. Wir wollen uns selbst regieren. Wir werden an diesem Grundsatz festhalten, wenn wir zusehen müssen, wie jede Plantage im Süden geplündert und jede Stadt in Flammen steht –

[JACQUESS und GILMORE stehen auf. VAUGHAN
fällt GILMORE INS Auge.]

JACQUES

Es tut mir leid Herr.

[DAVIS nimmt JACQUES' Hand in seine beiden, genau wie LINCOLN es getan hat.]

DAVIS

Ich respektiere Ihren Charakter, Colonel Jacquess, und Ihre Beweggründe, und ich wünsche Ihnen alles Gute – alles Gute, was nur möglich ist, im Einklang mit den Interessen der Konföderation –

[Er drückt GILMORES Hand und folgt ihnen zur
Tür.]

JACQUES

Danke schön.

DAVIS

[An der Tür.]

Und sagen Sie Herrn Lincoln, dass ich mich jederzeit über Friedensvorschläge direkt von ihm auf der Grundlage unserer Unabhängigkeit freuen werde. Es wird sinnlos sein, mich mit irgendetwas anderem anzusprechen.

[JACQUES und GILMORE verlassen und OULD tritt
wieder ein .]

OULD

[*Zu Davis.*]

Und soll ich diese Herren zu Grants Linien zurückführen?

BENJAMIN

[*Schnell.*]

Nein, diese Männer sind Spione direkt von Lincolns Schreibtisch. Das ist der schlaueste Streich, den der alte Fuchs je versucht hat. Er weiß, dass McClellans Wahl auf einer Friedensplattform eine Gewissheit ist. Er ist auf der Suche nach Munition für diese Kampagne. Wir wagen es nicht, ihm in die Hände zu spielen! Unser Leben könnte davon abhängen! Täuschen Sie sich nicht – diese Männer müssen heute Nacht eingesperrt und bei Sonnenaufgang erschossen werden.

OULD

[*Schüttelt den Kopf.*]

Ich würde es an deiner Stelle nicht tun——

BENJAMIN

Warum?

OULD

Aus einem Grund –

[OULD *entfaltet eine Notiz.*]

Ben Butler hat mir diese Nachricht persönlich geschickt. Es war versiegelt. Lies es.

DAVIS

[*Unterbricht.*]

Einen Augenblick--

[*Zum* TÜRSTEHER.]

General Lee ist im Kriegsministerium – fragen Sie ihn bitte, ob er mich für ein paar Minuten sehen kann.

[DER PORTIER *verneigt sich und geht.*]

Machen Sie weiter, meine Herren.

OULD

[*Zu* BENJAMIN – *ihm den Zettel geben.*]

Lies es!

BENJAMIN

[*Lektüre.*]

„Wenn diese Männer nicht innerhalb von zehn Tagen zu meinen Linien zurückkehren, werde ich sie einfordern, und wenn Sie sie nicht hervorbringen, werde ich zwei für einen hinrichten.

„(Unterzeichnet) BF BUTLER .“

[*Wütend.*]

Bluff! Bluff!

DAVIS

Er ist ein Biest. Er wird es tun.

BENJAMIN

In Ordnung! Lass ihn es versuchen! Zwei können das Spiel spielen. Wir können vier für einen ausführen——

DAVIS

Ich mag diese blutigen Repressalien nicht. Es gibt kein Ende, sobald wir anfangen.

BENJAMIN

Die Entscheidung liegt bei Ihnen, Sir.

DAVIS

Ich behalte mir meine Entscheidung vor. Ich werde es dir gleich geben. Ich möchte zuerst mit General Lee sprechen, wenn Sie mir dieses Zimmer geben.

BENJAMIN

Natürlich werden wir uns zurückziehen, bis Sie bereit sind. Hier entlang.

> [BENJAMIN *dirigiert* VAUGHAN *und* OULD *in den Raum rechts — gegenüber der Tür, durch die* JACQUESS *und* GILMORE *hinausgingen* . — DER PORTIER *kommt herein und kündigt an.*]

DER TÜRSTEHER

General Lee!

DAVIS

[*Geht freundlich auf ihn zu und nimmt* LEES *Hand in seine beiden.*]

Vielen Dank, General. Ich möchte Sie zunächst zu einer besonderen Angelegenheit konsultieren, die aus einer Sicht von geringer Bedeutung, aus einer anderen jedoch von enormer Bedeutung ist. Zwei Männer wurden in unsere Reihen geschickt, um mich in der Friedensfrage zu befragen. Ich habe gerade mit ihnen gesprochen. Ich bin sicher – Benjamin ist es auch –, dass sie direkt aus Lincoln kommen, obwohl sie keine Referenzen haben. Benjamin fordert ihre Hinrichtung – Richter Ould protestiert. Sind sie Spione?

LEE

Technisch gesehen ja – moralisch nein.

DAVIS

Danke schön. Bevor ich entscheide, ob ich diese Männer mit einer Botschaft in den Norden gehen lasse, muss ich Ihnen ein oder zwei Fragen stellen:

LEE

Zu Ihren Diensten, Sir.

DAVIS

Wie lange können Sie Grant halten?

LEE

Sicherlich ein Jahr – es sei denn –

DAVIS

Ja?

LEE

Es sei denn, Atlanta fällt.

DAVIS

Und dann?

LEE

Wenn es General Hood nicht gelingt, Atlanta zu halten, kann Sherman den Süden in zwei Teile teilen, und meine Vorräte gehen aus. Meine Männer leben jetzt von verdorrtem Mais. Wenn Sherman Atlanta einnimmt, kann ich den Mais nicht bekommen.

DAVIS

Wie ist die Stimmung Ihrer Männer in diesem Moment, General?

LEE

Eine gewaltigere Streitmacht wurde nie in Bewegung gesetzt als die Armee, die ich befehlige, Sir. Sie sind unsere starken Kämpfer – Männer, auf die man sich einzeln oder in der Masse verlassen kann, wenn es darum geht, jede Waffentat zu vollbringen, die Sterbliche leisten können. Ich kenne sie aus Erfahrung. Sie werden vor nichts erbleichen – und doch müssen sie Nahrung haben.

DAVIS

Du sollst es haben. Aber nach einem Jahr – was dann?

LEE

Es ist einzig und allein eine Frage der Arbeitskraft, Sir. Ich *muss* mehr Männer haben.

DAVIS

Und Sie schlagen vor?

LEE

Dass Sie sofort damit beginnen, 500.000 Neger für mein Kommando zu bewaffnen und auszubilden.

DAVIS

Und Sie glauben, dass sie gute Soldaten abgeben würden?

LEE

Angeführt von ihren alten Herren werden sie kämpfen – zu einem Mann.

DAVIS

Müsste man jedem schwarzen Freiwilligen seine Freiheit geben?

LEE

Natürlich. Wie Sie wissen, habe ich meine eigenen Sklaven befreit, bevor ich in den Dienst des Südens trat. Es ist eine der Ironien des Schicksals, dass ich für die Sklaverei kämpfen soll – ich, der ich mich weigere, einen Sklaven zu besitzen, und mein Gegner General Grant ist durch den Besitz seiner Frau ein Sklavenhalter. Die Sklaverei ist zum Scheitern verurteilt, Sir. Es kann diese Tragödie niemals überleben. Die gesetzgebende Körperschaft von Virginia war vor Jahren nur einer Stimme davon entfernt, ihre Sklaven zu befreien.

DAVIS

Ich weiß. Aber die großen Golfstaaten und South Carolina mit ihrer Mehrheit der Negerbevölkerung werden der Bewaffnung einer halben Million Sklaven niemals zustimmen.

LEE

Und Sie werden zulassen, dass Mississippi, Louisiana und South Carolina einen Plan vereiteln, der notwendig ist, um das Leben der Konföderation zu retten?

DAVIS

Die Staaten sind souverän, General Lee – für dieses Prinzip kämpfen wir.

LEE

Dann denke ich, dass es an der Zeit ist, uns von Herzen zu Herzen die Frage zu stellen, ob die Konföderation, so wie sie organisiert ist, nicht die Saat des Todes in sich trägt? Die Rechte eines Staates müssen irgendwo der höchsten Macht einer Nation weichen. Der Neger wird ein tapferer Soldat sein und er kann den Süden retten. Wirst du ihn benutzen?

DAVIS

Ich werde Ihren Vorschlag in Betracht ziehen, General, aber ich kann ihn nicht sehen – ich kann ihn jetzt nicht sehen. Ich werde dich nicht länger aufhalten.

> [GENERAL LEE *salutiert und geht* . DAVIS *geht zur gegenüberliegenden Tür, öffnet sie und ruft.*]

Ich bin bereit, meine Herren.

> [OULD , BENJAMIN *und* VAUGHAN *kommen wieder herein* .]

BENJAMIN

Du hast entschieden?

DAVIS

Ja.

> [*Er setzt sich und schreibt einen Pass.*]

Es ist wahrscheinlich ein schlechtes Geschäft für uns——

BENJAMIN

Daran kann es keinen Zweifel geben, Sir –

DAVIS

Aber es würde viele unserer Freunde im Norden verärgern, wenn wir diese Männer festhielten. Ich habe beschlossen, sie gehen zu lassen. Geben Sie ihnen diesen Pass .

[*Hände gehen zu* OULD .]

Führen Sie sie durch die Krankenhäuser und das Libby-Gefängnis und führen Sie sie zurück zu General Grants Linien.

OULD

Sie haben klug gehandelt, Sir.

BENJAMIN

[*Mit tiefem Gefühl an* VAUGHAN .]

Er hat genau den Fehler begangen, den ich befürchtet hatte –

VAUGHAN

[*Mit Freude.*]

Wir hoffen das Beste, Sir! Mit der Wendung werde ich die Neuigkeiten überbringen———

VORHANG

SZENE II

BÜHNENBILD : *Das Gleiche wie Akt I und II, außer dass ein kleiner Tisch unten in der Mitte an der Seite neben Lincolns Schreibtisch platziert wurde. Auf diesem Tisch wurde ein Telegrafengerät installiert.*

AT RISE : *Beim Aufstehen sieht das Publikum nur* LINCOLN *und* OPERATOR *, die Lichter werden allmählich heller, bis der ganze Raum ganztags erleuchtet ist. Es ist der Morgen des 3. September 1864.*

LINCOLN

[*Ich beuge mich über den Schlüssel.*]

Versuchen Sie noch einmal, Atlanta zu erreichen, mein Junge.

[*Der* OPERATOR *versucht immer wieder, Atlanta zu erreichen.*]

OPERATOR

Es hat keinen Zweck, Sir —

LINCOLN

Wir scheinen kein Glück zu haben, oder? Mein Bote hätte Sherman erreichen sollen! Er muss jetzt da sein. Er muss da sein — er darf nicht verloren gehen!

> [*Lacht einsam.*]

Zwei ganze Tage lang habe ich diesem Ding zugehört, wie es klickt——

> [*Die* VERMITTLUNG *ruft Atlanta mit einem eigenartig lauten Ruf an.*]

Ist das das Wort Atlanta, das Sie wegklicken?

OPERATOR

Ja, Sir — ich rufe — über diese Leitung haben wir heute eine direkte Verbindung. Das Problem ist, dass auch Shermans altes Hauptquartier nicht antwortet.

LINCOLN

Rufen Sie Atlanta noch einmal an. Mach es langsam. Ich möchte es lernen — Onkel Billy —

> [*Der* OPERATOR *klickt jeden Buchstaben im Morsecode ab und buchstabiert ihn langsam.*]

Muss bis dahin da sein!

OPERATOR

A-T-L-A-N-T-A-G-A-Atlanta, Georgia.

LINCOLN

Einmal mehr.

> [*Die* TELEFONISTIN *wiederholt den Anruf und* LINCOLN *folgt ihm und wiederholt ihn.*]

Ich möchte das genauso schnell fangen wie Sie — wenn es soweit ist!

> [*Beiseite.*]

Oh mein Gott, warum kommt es nicht! — Warum kommt es nicht!

> [NICOLAY *kommt herein.*]

NICOLAY

Die Zeit ist abgelaufen. Raymond und sein verdammtes Komitee sind hier, Sir, und bestehen auf Ihrer endgültigen Antwort auf einmal —

LINCOLN

Halten Sie sie eine Weile zurück. Wir werden heute bestimmt etwas hören. Ich habe ihnen heute Morgen meine Entscheidung versprochen, das weiß ich – aber ich bin immer noch voller dummer Hoffnungen.

NICOLAY

Das sind keine törichten Hoffnungen, – Chef!

LINCOLN

Diese Maschine hier scheint zu glauben, dass sie es sind. Das verdammte Idioten-Ding redet in die eine Richtung, zwitschert aber nicht in die andere.

NICOLAY

Was soll ich ihnen sagen?

LINCOLN

[*Hört auf das Instrument.*]

Egal was – erzähl ihnen eine lustige Geschichte!

[*Hören.*]

Sie brauchen ein Lachen – die Bestatter! Ich warte darauf, dass ich ihnen meine Leiche übergebe ! – Unruhig, weil ich es nicht früher aufgegeben habe!

[*Das scharfe Klicken des Telegrafenempfängers hört
sein Ohr und er geht zum Tisch.*]

Nein – das war es nicht –

[*Dreht sich wieder zu* NICOLAY UM *.*]

Sagen Sie es ihnen positiv, ich werde sie innerhalb einer halben Stunde sehen.

[NICOLAY *geht und* LINCOLN *kehrt zu seiner
Wache am Telegraphentisch zurück.*]

Wie nah kann man Atlanta über die Chattanooga-Linie erreichen?

OPERATOR

Zwanzig Meilen entfernt ist die letzte Station, die antwortet, und er weiß nicht, was mit der Leitung los ist.

LINCOLN

Seltsam – wir waren gestern noch näher dran – Sherman ist unterwegs …

[BETTY *kommt schüchtern herein.*]

Das ist sicher.

[*Hoch schauen.*]

Kommen Sie herein, Miss Betty – ich weiß, was Sie wollen.

BETTY

Noch nichts von General Sherman?

LINCOLN

Nichts--

BETTY

Und keine Nachricht irgendeiner Art von John, seit er gegangen ist?

LINCOLN

Noch nicht.

BETTY

Warum – *warum* hat er sich nicht gemeldet?

LINCOLN

[*Hoffentlich.*]

Ich bin mir sicher – erinnern Sie sich *mit moralischer Gewissheit* –, dass er Richmond sicher verlassen hat.

BETTY

[*Eifrig.*]

Du *hast* also eine Nachricht?

LINCOLN

Indirekt--

BETTY

Oh--

LINCOLN

[*Zu* EDWARD *an der Tür.*]

Edward, bitten Sie Mr. Gilmore, hier kurz einzuspringen.

EDUARD

Jawohl.

LINCOLN

Gilmores Bericht sollte für mich eine halbe Million Stimmen wert sein – für Sie könnte er etwas wert sein –

[GILMORE *kommt herein.*]

Gilmore, haben Sie einen hübschen jungen Mann in Konföderiertenuniform gesehen, der sich bei Ihrem Interview mit Davis Notizen machte?

GILMORE

Ja, Sir, und ich kannte ihn auch –

BETTY

[*Eifrig.*]

Es war Captain Vaughan?

GILMORE

Sicher! Er bestritt es natürlich, aber ich kannte ihn durchaus.

BETTY

Es ging ihm gut?

GILMORE

Ich habe ihn nie besser gesehen. Er hatte natürlich große Angst, und wir auch –

BETTY

Danke schön!

LINCOLN

Das reicht, Gilmore. Ich wünschte, du würdest Nicolay dabei helfen, das Komitee für eine Weile abzuwürgen – und du würdest mitkommen, wenn sie einbrechen – ja?

GILMORE

Gerne, Herr Präsident.

[GILMORE *geht.*]

LINCOLN

[*Zu* BETTY *leichthin.*]

Jetzt haben Sie gute Neuigkeiten –

BETTY

[*Verloren.*]

Wie lange ist es her, seit General Sherman eine Nachricht kam?

LINCOLN

Zwei Tage. Ich kenne das Loch, in das er hineingegangen ist. Aber ich kann nicht sagen, wo das alte Ungeziefer rauskommen wird———

BETTY

[*Würgt.*]

Falls er jemals rauskommt!

LINCOLN

Oh! Er wird herauskommen———

[*Er bleibt stehen, lauscht erneut auf das Telegrafengerät und seufzt enttäuscht.*]

Er kommt irgendwo raus – das ist eine Angewohnheit von Onkel Billy –

BETTY

[*Hoffnungslos.*]

Auch vom Kriegsministerium gibt es keine Neuigkeiten.

LINCOLN

Keine Nachricht ist im Allgemeinen eine gute Nachricht von Sherman.

[BETTY *wendet sich ab, um ihre Tränen zu verbergen, und* LINCOLN *folgt ihr mit zärtlichem Flehen.*]

Komm, komm, meine Liebe – diese Tränen reichen nicht aus! Du musst mir jetzt helfen!

[BETTY *wischt die Tränen weg.*]

Vielleicht habe ich deinen Geliebten in den Tod geschickt. Ich weiß, dass! Aber er ging mit einem Lächeln im Gesicht und großer Freude im Herzen über den Dienst, den er seinem Land erwies –

BETTY

Ja – ich weiß – ich weiß – ich bin stolz auf die Ehre, die Sie ihm erwiesen haben.

LINCOLN

[*Flüstern.*]

Dann nimm mich doch ein wenig mit –

[*Pausiert.*]

Ich pfeife nur, um *meinen* Mut zu bewahren!

> [*Er hält wieder inne, qualvoll vom Leiden.*]

Ich weiß, dass er nach Atlanta gekommen ist –

> [*Pausiert.*]

Sherman ist verschwunden!

BETTY

Verzeih mir – ich habe es vergessen. *Du* wirst gewinnen. Ich fühle es. Ich weiß es!

LINCOLN

So redet man! Das ist die Art, wie ich mit mir selbst spreche, obwohl ich beinahe Angst vor meinem Leben habe——

> [*Er hält inne und geht zur* TELEFONISTIN – BETTY *folgt ihm.*]

Sag mal, Junge – kannst du es nicht etwas härter angehen und die Schuldfrage für uns sprechen lassen?

OPERATOR

Ich wünschte, ich könnte, Sir.

LINCOLN

Versuchen Sie es noch einmal mit ihm——

> [*Die* VERMITTLUNG *ruft Atlanta an und hält inne – * LINCOLN *und* BETTY *beugen sich vor atemloser Spannung vor. Das Instrument gibt einen Klick aus –* LINCOLN *startet. Das Instrument stoppt.*]

Hat das Ding nicht angefangen zu antworten?

> [*Der* TELEFONIST *schüttelt den Kopf.*]

Rufen Sie das Kriegsministerium an und bitten Sie Stanton, hierher zu kommen – Mein Gott – warum können wir es nicht hören!

BETTY

> [*Wehmütig.*]

Ich werde nicht noch einmal weinen – aber ich möchte nur *eine* Frage stellen – wird es Ihnen nichts ausmachen?

LINCOLN

So viele Sie möchten!

BETTY

Er – er – musste als Spion nach Atlanta einreisen, nicht wahr?

[*Schluchzt und fängt sich.*]

LINCOLN

Ja natürlich--

BETTY

Nun, wenn er gefangen genommen würde – könnten sie ihn hinrichten, ohne dass wir es wissen?

LINCOLN

Vielleicht – aber er ist ein sehr kluger junger Mann! Er wird zu schlau für sie sein –

BETTY

[*Hoffnungslos.*]

Ich weiß es nicht – ich weiß es nicht –!

LINCOLN

Hör zu-! Ich werde dir etwas sagen – ich *weiß* ! Ich habe eine Art zweites Gesicht, das mir manchmal Dinge sagt, meine Liebe. Nach der Schlacht von Gettysburg sah ich General Daniel E. Sickles im Krankenhaus. Sie sagten mir, dass er tödlich verwundet sei und unmöglich überleben könne. *Ich* sagte General Sickles, dass er leben und gesund werden *würde , und das tat er!* Ich sah seinen lebendigen Körper an diesem Tag in Gesundheit und Kraft genauso deutlich arbeiten wie Sie! Wir haben noch nichts von Kapitän Vaughan gehört, aber es wird *kommen* –! Er hat Atlanta erreicht. Der General hat meine Nachricht erhalten. Ich weiß, dass. Ich fühlte, wie es durch die Luft von seiner Seele zu meiner schoss! Ich kann dich und deinen Geliebten in diesem Moment sehen, wie sie lächelnd und glücklich Seite an Seite sitzen –

BETTY

[*Ehrfürchtig.*]

Du siehst das--!

LINCOLN

[*In verträumten Tönen.*]

So deutlich ich jetzt sehe, wie das Sonnenlicht auf den Blättern vor diesem
Fenster tanzt –

STANTON

Du hast keine Neuigkeiten?

LINCOLN

Ich habe nach dir geschickt, um dich darum zu bitten –

STANTON

Nichts--

LINCOLN

[*In tiefen Tönen.*]

Was bedeutet das?

STANTON

Gestern fegte ein Sturm über Atlanta hinweg – möglicherweise sind alle
Leitungen kaputt –

LINCOLN

Glaubst du, das ist es –?

STANTON

Nein, das tue ich nicht.

LINCOLN

Ich auch nicht--

STANTON

Es ist etwas Großes passiert! Entweder hat Sherman Atlanta eingenommen
oder Hood hat seine Kommunikation unterbrochen und seine Armee könnte
gefährdet sein.

LINCOLN

[*Sein Kopf sinkt.*]

Das denke ich auch – Gott steh uns bei!

[*Das scharfe Klicken des Telegrafeninstruments
veranlasst ihn, schnell zusammenzufahren, zum Tisch
zu gehen und zuzuhören. Das von* RAYMOND *und*

STEVENS *angeführte Komitee drängt sich gegen die Proteste von Nicolay durch die Tür.*]

NICOLAY

Ich habe Ihnen eine Antwort in einer halben Stunde versprochen, Herr! – Sie müssen warten.

RAYMOND

Keine Minute mehr!

STEVENS

[*Winkt mit einem Telegramm.*]

Die Angelegenheit ist zu dringend!

LINCOLN

Alles klar – John – lass sie rein – ich bin bereit.

RAYMOND

Wir haben gerade eine äußerst schmerzhafte und erschreckende Nachricht aus dem Kriegsministerium gehört –

LINCOLN

[*Zu* STANTON .]

Kriegsministerium——

[*Tiefe Stimme.*]

– Was ist los, Stanton?

STANTON

Etwas, an das ich nicht glaubte und das ich Ihnen nicht wiederholen würde.

LINCOLN

[*Flüstert dem* OPERATOR ZU .]

Zieh an mir, Junge, zieh an mir – stochere weiter in dem Ding herum!

STEVENS

[*Triumphierend.*]

Es wurde Ihnen geraten, die neue Einberufung der Männer bis nach der Wahl zurückzuhalten! Nun, lesen Sie die Kopie eines Telegramms aus New York, das General Halleck gerade erhalten hat, Sir!

[*Bietet* LINCOLN EIN TELEGRAMM AN *und er weigert sich, es anzunehmen.*]

LINCOLN

Ich will es nicht lesen, Stevens. Dein Gesicht reicht mir. Es muss schlimm sein, sonst wärst du nicht so glücklich. Du lächelst fast!

STEVENS

Lies es!

LINCOLN

[*Ignoriert das angebotene Telegramm.*]

Weißt du, Stevens, du erinnerst dich an einen alten Bauern, den ich in Illinois kannte –

[*Das Komitee versammelt sich um* LINCOLN *, gespannt auf die Geschichte, und wirft einen Blick auf* STEVENS *.*]

STEVENS

Na los, erzähl ihnen den Witz. Es ist deine Beerdigung – nicht meine!

LINCOLN

[*Gegenüber dem Ausschuss.*]

Dieser alte Bauer züchtete das größte Schwein, das jemals in der Grafschaft gesehen wurde. Er war so fett, dass sich die Nachricht von seiner Größe im ganzen Land verbreitete und Menschen von nah und fern kamen, um dieses Wunder im Schweinefleisch zu sehen. Eines Tages kam ein Fremder zu ihm und bat den Bauern, ihn zu sehen. Der alte Mann sagte: „Ich habe wirklich ein Tier und er ist das Größte, das ich je gesehen habe. Das sage ich mal. Aber so viele Leute kommen hierher und bedrängen mich, ihn anzusehen, das habe ich beschlossen." um einen Shillin' -Blick zu verlangen. Der Fremde steckte die Hand in die Tasche, holte das Geld heraus, zahlte den Schilling, starrte den alten Mann an, drehte sich um und ging weg. Der Bauer rief ihm nach: „Hallo, das gibt es nicht." Du Willst du das Schwein sehen ?" „Nein", antwortete der Kerl, „ich habe dich gesehen! Ich bin auf meine Kosten gekommen."

[Alle außer STEVENS *lachen . Während des Lachens beugt sich* LINCOLN *mit leiser Stimme über das Telegrafengerät.*]

Wie geht es, Junge? Wie geht es?

> [*Der* TELEFONIST *schüttelt den Kopf.*]

Kein Klick –?

> [*Der Telefonist schüttelt erneut den Kopf – und*
> LINCOLNS *Gesicht zieht sich leidvoll zusammen.*]

STEVENS

Einen Moment, Herr Präsident, ich gebe Ihnen das Telegramm, wenn Sie es nicht lesen wollen.

LINCOLN

Feuer los, Stevens, wenn es dich glücklich macht.

STEVENS

> [*Lektüre.*]

„New York, 3. September 1864.

„Die Bundesbehörden haben gerade eine landesweite Verschwörung aufgedeckt, die sich mit Waffengewalt gegen die neue Wehrpflicht wehren soll. Es wird notwendig sein, dass General Grant sofort die Hälfte seiner Armee von Lees Front abtrennt, um diese Konterrevolution niederzuschlagen. Schicken Sie diese Soldaten unverzüglich." zu unseren großen Städten."

Die Signatur ist im Code.

RAYMOND

Das sind die bisher düstersten Nachrichten, Sir – und sie sind wahr.

STEVENS

Sie müssen sich darüber im Klaren sein, dass wir keinen Moment zögern können, einen anderen Mann an die Spitze des Tickets zu setzen.

> [*Es herrscht einen Moment Totenstille, während alle*
> LINCOLNS *Gesicht beobachten. Plötzlich beginnt das*
> *scharfe Klicken des Telegrafeninstruments, das Wort*
> *AT- lanta zu buchstabieren .* LINCOLN *zuckt*
> *zusammen – sein Gesicht strahlt vor Aufregung.*]

LINCOLN

Was ist *das* ?

> [*Er folgt atemlos der Schreibweise des ganzen Wortes*
> *– sein Gesicht drückt seine Freude aus.*]

OPERATOR

Herr Präsident – es ist gekommen! Es ist hier!

[LINCOLN *stürmt zum Tisch, die Menge folgt ihm.*]

Es ist für Sie, Sir!

LINCOLN

Raus damit, Junge, Wort für Wort, wie du es verstehst!

OPERATOR

[*Klick klick.*]

Atlanta-

[*Klick klick.*]

Georgia-

[*Klick-klick-klick.*]

3. September 1864.

LINCOLN

Ehre sei Gott!

OPERATOR

[*Klick klick.*]

-Atlanta

[*Klick klick.*]

-ist unser-

[*Klicken – klicken – klicken.*]

und ziemlich gewonnen – WT Sherman –

LINCOLN

O meine Seele, erhebe dein Haupt!

[*Zu* BETTY.]

Geh und sag es Mutter, schnell, sag ihr, sie soll hierher kommen!

[BETTY *rennt davon.*]

NICOLAY

Ein Hoch auf General William Tecumseh Sherman!

ALLE SCHREIEN

Sherman! Sherman! Sherman!

> [*Als der Schrei verstummt, hebt* LINCOLN *feierlich den Kopf und weint.*]

LINCOLN

Dir, o Gott, loben wir jetzt und in Ewigkeit!

> [MRS. LINCOLN *kommt mit* BETTY HEREIN *und eilt dem Präsidenten entgegen. Er nimmt sie in seine Arme.*]

Mutter! Alles klar! – Onkel Billy ist da!

FRAU LINCOLN

Du wirst nie wieder zweifeln?

LINCOLN

Niemals!--

> [*Ich wende mich an den Ausschuss.*]

Meine Freunde! Ein Gedicht singt in meinem Herzen!

Meine Augen haben die Herrlichkeit des Kommens des Herrn gesehen!

Er zertritt die Weinlese, in der die Trauben des Zorns lagern:

Er hat den verhängnisvollen Blitz seines schrecklich schnellen Schwertes losgelassen

—

Seine Wahrheit schreitet voran!

Er hat die Posaune erklingen lassen, die niemals zum Rückzug ruft!

Er siebt die Herzen der Menschen vor seinem Richterstuhl:

Oh! Sei schnell, meine Seele, um Ihm zu antworten! Jubelt, meine Füße!

Unser Gott marschiert weiter!"

STANTON

Dieser Entwurf wird in Ordnung sein, Stevens! Jetzt alle zusammen!

> [STANTON *führt und alle singen.*]

> [LINCOLN *hört mit gesenktem Kopf zu.*]

Wir kommen, Vater Abraham, dreihunderttausend weitere,

Vom gewundenen Fluss des Mississippi und von der Küste Neuenglands;

Wir verlassen unsere Pflüge und unsere Werkstatt, unsere lieben Frauen und Kinder,

Mit Herzen, die zu voll sind, um sie auszudrücken, mit nur einer einzigen Träne,

Wir wagen es nicht, hinter uns zu schauen, sondern standhaft nach vorne,

Wir kommen, Vater Abraham, noch dreihunderttausend!

CHOR

Wir kommen, wir kommen, um unsere Union wiederherzustellen!

Wir kommen, Vater Abraham, dreihunderttausend weitere,

Wir kommen, Vater Abraham, noch dreihunderttausend!

LINCOLN

Und denken Sie daran, meine Herren, US Grant hat Sherman auf diese Mission geschickt. Du weißt, dass ich ihn nicht entfernt habe! Nun, Raymond, was sagst du jetzt?

RAYMOND

Es ist herrlich. Es ist ein Wunder! Lees Armee kann nicht überleben. Das Ende ist sicher! McClellan ist geschlagen – die Union ist gerettet!

LINCOLN

Was sagt ihr alle?

EIN AUSSCHUSSMITGLIED

Ihr Triumph ist sicher!

NOCH EIN AUSSCHUSSMITGLIED

Sie werden die Nation erobern, Sir!

NICOLAY

Ein dreifaches Hoch auf den alten Präsidenten und ein dreifaches Hoch auf den neuen!

ALLE

Lincoln! Lincoln! Lincoln!

> [*Alle schließen sich an, außer* STEVENS *, dessen Gesicht eine Maske bleibt.*]

LINCOLN

Komm schon, Stevens, lächle! Nutzen Sie die Chance. Es mag dich töten, aber mein Herr, Mann, geh das Risiko ein!

STEVENS

Sie sind noch nicht gewählt, Sir – und in diesen tragischen Stunden ist eine solche Leichtfertigkeit einem Häuptling der Nation nicht zuträglich – –

LINCOLN

[*Lacht.*]

Wenn ich nicht lachen könnte , wäre ich bei diesem Job schon längst gestorben!

VORHANG

EPILOG

BÜHNENBILD : *Die großen Säulen des Kapitols in Washington füllen die gesamte Bühne von Bogen zu Bogen. Im Vordergrund steht die Plattform, auf der sich die Richter des Obersten Gerichtshofs der Vereinigten Staaten unter der Leitung von Salmon P. Chase, Oberster Richter, um den Präsidenten gruppieren, der seine zweite Amtseinführung hält.* JOHN VAUGHAN *führt neben* BETTY WINTER DEN APPLAUS AUFFÄLLIG AN.

AT RISE : *Der Präsident liest seine Antrittsrede. Ein großer Jubelausbruch folgt dem Satz, den er schließt, bevor sich der Vorhang hebt:*

LINCOLN

[*Vor dem Aufstieg.*]

Können wir darin eine Abweichung von den göttlichen Eigenschaften erkennen, die die Gläubigen eines lebendigen Gottes Ihm immer zuschreiben?

[*Applaus, als sich der Vorhang hebt.*]

Wir hoffen inständig – wir beten inständig –, dass diese gewaltige Geißel des Krieges schnell vorübergehen möge. Doch wenn Gott will, dass es so weitergeht , bis der ganze Reichtum, den der Knecht in zweihundertfünfzig Jahren unerwiderter Arbeit angehäuft hat, versunken ist und bis jeder Blutstropfen, der mit der Peitsche gezogen wurde, durch einen anderen, der mit dem Schwert gezogen wurde, bezahlt wird, wie es war sagte vor dreitausend Jahren, daher muss man immer noch sagen: „Die Urteile des Herrn sind insgesamt wahr und gerecht.“

[*Applaus.*]

Mit Bosheit gegen niemanden; mit Nächstenliebe für alle; Mit Standhaftigkeit im Rechten, so wie Gott es uns gibt, das Rechte zu sehen, lasst uns danach streben, die Arbeit, in der wir uns befinden, zu vollenden; um die Wunden der Nation zu verbinden; Sich um den zu kümmern, der die Schlacht getragen hat, und um seine Witwe und sein Waisenkind – um alles zu tun, was einen gerechten und dauerhaften Frieden zwischen uns und allen Nationen erreichen und bewahren kann.

[*Verschwindet mit dem Licht auf Lincolns Gesicht, während er das letzte Wort spricht.*]

VORHANG